Otto Arendt

Der Streit um die Deutsche Emin-Pascha-Expedition

Gesammelte Aufsätze aus dem Deutschen Wochenblatt

Otto Arendt

Der Streit um die Deutsche Emin-Pascha-Expedition
Gesammelte Aufsätze aus dem Deutschen Wochenblatt

ISBN/EAN: 9783743371118

Hergestellt in Europa, USA, Kanada, Australien, Japan

Cover: Foto ©ninafisch / pixelio.de

Manufactured and distributed by brebook publishing software
(www.brebook.com)

Otto Arendt

Der Streit um die Deutsche Emin-Pascha-Expedition

Der Streit

um die

Deutsche Emin-Pascha-Expedition

Gesammelte Aufsätze

aus dem Deutschen Wochenblatt

von

Dr. Otto Arendt

Mitglied des Hauses der Abgeordneten
Schriftführer des Deutschen Emin-Pascha-Comitees

Berlin 1889
Verlag von Walther & Apolant
W. Markgrafenstraße 60

Deutschland in Afrika.

(Deutsches Wochenblatt I. Jahrg. No. 25 v. 13. September 1888.)

Deutschland ist in die Reihe der Kolonialmächte ein=
getreten und wird sein Recht mit starker Faust geltend zu
machen wissen. Eine Reihe von Ereignissen lenken unsre Auf=
merksamkeit auf die koloniale Entfaltung Deutschlands in
Ostafrika. Kaum daß die überraschende Kunde zu uns kam,
daß der Sultan von Zanzibar die gesammte Küste vor den
deutschen Erwerbungen, 150 geographische Meilen mit elf
Häfen an die Deutschostafrikanische Gesellschaft überlassen,
was nicht ohne ernste Verwickelung vor sich zu gehen
scheint, so deuten die Vorbereitungen für die deutsche Emin=
Pascha=Expedition auf das Bevorstehen von Ereignissen von
ganz unberechenbarer Tragweite.

Es scheint, daß bei dem großen Wettstreit, der sich
zwischen Engländern und Deutschen am indischen Weltmeer
entsponnen hat, die Entscheidung zu Gunsten Deutschlands
jetzt unmittelbar bevorsteht. Vor vier Jahren noch hatte
England dort unbestritten den alleinigen Einfluß. Der
Sultan von Zanzibar, ein Satrap Englands, beherrschte
thatsächlich den Continent des schwarzen Welttheils, bis
an die großen Seen, dem Tanganjika und dem Ukerewe.
Aber der Sultan übte nur an der Küste, wo die Zölle
Einnahmen brachten, eine wirkliche Souveränität aus, und
diesen Umstand benutzten die Deutschen, um mit den Neger=
sultanen im Innern Verträge zu schließen. Es war eine
der kühnsten, kolonialen Thaten, welche die Geschichte kennt,

1*

als Dr. Carl Peters mit drei Begleitern und ganz unzu=
länglichen Mitteln Ende 1884 hier Erwerbungen für Deutsch=
land machte eine Entdeckung ihrer Absichten, ein Zu=
sammenstoß mit den Arabern hätte für diese Expedition den
sicheren Untergang bedeutet.

Fürst Bismarck erkannte mit scharfem Blick den Werth
der Erwerbungen des Dr. Peters und am 27. Februar 1885
wurden dieselben unter den Schutz des deutschen Kaisers
gestellt, dessen Panzerschiffe den Widerstand des von den
Engländern aufgestachelten Sultans von Zanzibar schnell
genug brachen.

Es begannen indessen eine Reihe von Verhandlungen
mit England, die schließlich im Herbst 1886 zum Abschluß
eines Vertrages führten, der für Deutschland den Besitz
eines ungeheuren Gebietes brachte, das sich vom Kilimand'
Nscharo, dem afrikanischen Montblanc, bis zum Rovuma,
dem Grenzfluß der portugiesischen Besitzungen, ausdehnt und
die wichtigsten Karawanenstraßen in das Seeengebiet um=
schließt. Die Fruchtbarkeit und den Werth dieser tropischen
Gebiete hatten Reisende und Forscher längst erkannt und
gepriesen, und so konnte es denn nicht fehlen, daß in
Deutschland sich Kapitalisten genug fanden, die für die
Ausbeutung der neuen Kolonie eine stark financirte „Deutsch=
ostafrikanische Gesellschaft" bildeten. Es dürfte noch in der
Erinnerung sein, daß der greise Kaiser Wilhelm 500000 M.
für dieses nationale Unternehmen hochherzig bewilligt hat.
In dem Vertrag mit den Engländern hat die gesammte
Küste bis auf zwei Häfen dem Sultan von Zanzibar über=
lassen werden müssen. Es war das Ziel, welches Dr. Carl
Peters sich steckte, als er im April 1887 zum zweiten Mal
nach Ostafrika ging, diese Küste für Deutschland zu erwerben.
Diese schwierige Aufgabe gelang, schon am 30. Juli 1887
kam ein Vertrag zu Stande, durch welchen der Sultan die
Verwaltung der Küste der Deutschostafrikanischen Gesellschaft
übertrug. Bei der Schwerfälligkeit der Verbindung zwischen
Zanzibar und Deutschland vergingen indessen Monate, ehe
der in Berlin in wenigen Punkten abgeänderte Vertrag
ratificirt wurde. Unmittelbar nach dem Regierungsantritt
des jetzigen Sultans geschah das und am 16. August d. J.
erfolgte die Uebergabe der Küste an die Deutschen, wenn

aber die Araber sich den Thatsachen nicht fügen wollen, so ist die Deutsche Flotte zur Stelle und wird ihnen Respekt vor der schwarzweißrothen Flagge beibringen, wobei es blutige Köpfe setzen dürfte. Inzwischen war Dr. Carl Peters nach Berlin zurückgekehrt. Seine Rückkehr fällt zusammen mit den schlimmen Nachrichten über Stanley's Expedition. In aller Stille wurden die Vorbereitungen für eine Deutsche Emin=Pascha=Expedition unternommen.

Vor wenigen Jahren hatte Europa die Kunde über= rascht, daß in den ehemaligen ägyptischen Aequatorial= provinzen der Gouverneur Emin Pascha, ein Deutscher Arzt Dr. Schnitzer, sich gegen die mahdistische Ueberfluthung behauptet und abgeschnitten von jedem Verkehr mit der civilisirten Welt sich an der Spitze seiner Truppen siegreich vertheidigt. Zugleich aber kamen Briefe Emins, die zwar seinem festen Willen, auf seinem Posten auszuharren, Aus= druck gaben, aber auch mittheilten, daß es ihm und den Seinen an allen Kulturerzeugnissen, namentlich an Pulver und Zeugen zu fehlen beginne. Schnitzer allein würde sich ebenso wie Dr. Junker, der sich bei ihm befand, nach der Zanzibar=Küste haben retten können, aber er wollte die Seinen nicht im Stich lassen und blieb.

An Europa trat die Pflicht heran, Emin Hülfe zu bringen. Es handelt sich dabei nicht um eine Aufsuchung, Emin will bleiben, wo er ist, es handelt sich darum, eine dauernde Verbindung mit Emin herzustellen, ihm die Euro= päischen Erzeugnisse zuzuführen und ihn dadurch zu be= fähigen, sein Reich zum starken Vorwerk Europäischer Kultur zu machen und von Wadelai aus den Sudan und Central= afrika der Europäischen Civilisation zu erschließen.

Es ist also ein doppelter Zweck, der bei einer Emin= Pascha = Expedition ins Auge zu fassen ist. Einmal darf Europa den bewundernswerthen Helden, den hingebenden Gelehrten nicht im Stich lassen, die Humanität fordert Hülfe für ihn, dann aber ist es politisch von höchster Be= deutung, der Ueberfluthung Afrika's durch den Islam einen festen Damm entgegenzuwerfen. Nicht wie Lavigerie will am Tanganjika, in Wadelai liegt die Entscheidung über die Sklavenfrage; fällt Emin, so ist die Hoffnung Central=Afrika der Cultur zu erschließen, auf lange begraben.

Die Engländer erkannten die hohe Wichtigkeit der Position Emin's. Sie hatten den deutschen Ansprüchen gegenüber durch den Londoner Vertrag von 1886 wenigstens einen Theil der Küste mit dem wichtigen Hafen Mombas für sich gerettet. Eine englisch=ostafrikanische Gesellschaft ist gebildet, an deren Spitze der reiche und thatkräftige Schotte Makinnon steht, diese Gesellschaft hat soeben einen Schutzbrief von der englischen Krone erhalten und damit sind jene Gebiete für England gesichert. Zu gleicher Zeit müssen nun England und Deutschland für ihre Erwerbungen den Zugang zu den Hinterländern und zum Innern des schwarzen Erdtheils erstreben - die großen innerafrikanischen Seeen müssen erreicht werden und jenseits dieser Seeen stehen die Vorposten Emins, der noch im Besitz von Dampfern ist. Die Expedition zum Entsatze Emin = Pascha's erschließt die Hinterländer, schafft die Verbindung der Küste mit den Seeen und eröffnet die Aussicht, den innerafrikanischen Handel mit seinen Schätzen an Elfenbein, Gummi u. s. w. anzuziehen.

Die englische Gesellschaft sandte keinen Geringeren als Stanley aus, der mit reichen Mitteln ausgerüstet, zunächst Emin Zufuhren bringen und dann heimkehrend die durch= zogenen Gebiete für England erwerben sollte. Emin= Pascha in Diensten der englischen Gesellschaft und ein weites englisches Reich vom oberen Nil bis Zanzibar, das war der kühne Plan, der durch den Mißerfolg Stanley's ge= scheitert ist.

Stanleys historischer Fehler war es, daß er Afrika umschiffend vom Congo aus seinen Weg antrat, statt die sicherere und ungleich nähere Straße von der Zanzibar= Küste aus zu wählen, die Dr. Junker gerade glücklich zurückgelegt hatte. Vielleicht wollte Stanley seine Schöpfung, den Congostaat, wiedersehn, vielleicht bewog ihn die Mög= lichkeit, den Congo hinauf mit dem modernen Verkehrs= mittel der Dampfkraft bis in das Herz Afrika's zu dringen. Stanley ist verschollen und wenn auch nach den Aus= führungen von Wißmann (Nr. 18) und Schweinfurth (Nr. 21 des „Deutschen Wochenblattes") sicher anzunehmen ist, daß er nicht unterging, daß er vielmehr früher oder später wieder auftauchen wird, so ist doch andererseits sicher, daß

er sein Hauptziel nicht mehr erreichen kann, seine Vorräthe
müssen durch den langen Marsch erschöpft sein, und wenn
er mit leeren Händen zu Emin kommt, kann er diesem
nichts nützen und wird denselben sicher nicht für sich ge=
winnen.

Dadurch sind die Aussichten für Deutschland gewachsen,
das zu erreichen, was die Engländer erstrebten. Durch
deutsches Gebiet geht der nächste, von Junker offen ge=
fundene Weg zu Emin. An kühnen, im afrikanischen Dienst
erprobten Männern fehlt es nicht und dem deutschen Emin
beizustehen, ist eine Ehrenpflicht für das deutsche Volk.
Wo so großartige, humanitäre, nationale und politische
Zwecke zusammenfallen, wird es an opferwilligen Patrioten
nicht mangeln, die das für ein solches Unternehmen nöthige
Kapital zusammenbringen. Schon im Frühjahr beschäftigte
sich die große deutsche Kolonialgesellschaft, die 17 000 über
das ganze Reich ausgebreitete Mitglieder zählt, mit der
Frage der Deutschen Emin = Pascha=Expedition. In aller
Stille trat ein Comité zusammen, und leitete die nothwendigen
Vorbereitungen, am 11. September ist nunmehr der Vor=
stand der deutschen Kolonialgesellschaft in Wiesbaden zu=
sammengetreten und am 12. September wird dort das Deutsche
Emin=Pascha=Comité sich constituiren und mit einem Aufruf
sich an das Deutsche Volk wenden, um die Mittel zu der
Expedition aufzubringen.

Inzwischen aber haben hochherzige Männer bereits so
große Summen gespendet, daß das Zustandekommen des
Unternehmens sicher ist und daß die Ausführung unmittelbar
bevorsteht. Noch bevor das Jahr zu Ende geht wird die
deutsche Expedition marschiren und im Frühjahr dürfte sie
den Helden von Wadelai erreichen. Die Engländer werden
inzwischen gut thun Expeditionen hinauszuschicken, um Stanley
zu helfen — so hat die Gunst des Schicksals den Deutschen
ganz unerwartet einen Vorsprung gewährt, möge derselbe
zum Guten ausgenutzt werden.

Angesichts der blutigen Kämpfe, welche aus Deutsch=
ostafrika gemeldet werden, wollen wir noch erwähnen, daß
diese auf den arabischen Fanatismus zurückzuführen sind,
der wohl an der Küste sich geltend macht, nicht aber mächtig
genug ist, um einer Deutschen Expedition ins Innere ernste

Schwierigkeiten zu bereiten. Der Marsch zum Ukerewe ist
vielmehr unter allen Umständen ausführbar. Dieser meer=
artige See von der Größe des Königreichs Bayern bietet
dann ein treffliches Verkehrsmittel. Jenseits des Sees
muß Uganda oder Unjoro durchquert werden. Beide Reiche
liegen meist in Fehde und wenn das eine sich feindlich
zeigt, so wird um so sicherer das andere seine Grenze
öffnen. Damit aber ist der Weg nach Wadelai gewonnen
und Emin wird gewiß Sorge tragen, durch Verhandlungen
mit den Negerkönigen schon vorher dem Entsatzheer die
Arbeit zu erleichtern. So liegen die Vorbedingungen möglichst
günstig für Deutschland, mögen sich die heißen Wünsche erfüllen,
die das deutsche Volk den Kühnen nachsendet, die entschlossen
sind im Dienste des Vaterlandes und der Menschheit die
große Aufgabe auszuführen.

Die Deutsche Emin=Pascha=Expedition.

(Deutsches Wochenblatt II. Jahrg. No. 10 v. 7. März 1889.)

Der Führer der Deutschen Emin=Pascha=Expedition,
Dr. Carl Peters, hat Deutschland verlassen und ist auf dem
Wege nach Zanzibar. Die Expedition ist damit in das
Stadium der practischen Ausführung eingetreten. Unter
solchen Umständen dürfte ein Rückblick auf die Entstehung
dieses Unternehmens und ein Ausblick in die Zukunft des=
selben am Platze sein.

Schon vor mehreren Jahren regte Professor Schwein=
furth von Cairo aus zu einer Deutschen Expedition zum
Entsatze unseres heldenmüthigen Landsmannes Emin Pascha
an, der allein noch in den südlichsten Theilen des Sudan
dem Mahdismus Widerstand leistete und den letzten Stütz=
punkt der europäischen Kulturwelt in Central=Afrika der
Ueberfluthung der Araber gegenüber behauptete. Die
kolonialpolitischen Kreise Deutschlands fühlten sich damals
noch nicht stark genug, die Idee aufzunehmen, England

aber entsandte Stanley mit einer großen Expedition nach Wadelai, und es schien mithin, als ob Emin auch ohne deutsche Hülfe Unterstützung erhalten würde.

Als aber die Nachrichten von Emin und Stanley immer länger ausblieben, stiegen die Besorgnisse um das Schicksal beider kühner Männer. Dr. Peters, der etwa vor Jahresfrist aus Zanzibar zurückkehrte, fand deshalb jetzt den Boden genügend vorbereitet, um eine Deutsche Emin-Pascha-Expedition ins Leben zu rufen. Bereits im April 1888 beschäftigte sich der Vorstand der Deutschen Kolonialgesellschaft auf Grund einer Anregung aus Nürn= berg mit dieser Angelegenheit und im Juni bildete sich zu= nächst aus dem Ausschuß der Deutschen Kolonialgesellschaft heraus ein provisorisches Emin-Pascha-Comité, welches im September gelegentlich einer Vorstandssitzung der Deutschen Kolonialgesellschaft in Wiesbaden endgültig eingesetzt wurde. Inzwischen hatten Geldsammlungen in ganz Deutschland mit großem Erfolge begonnen, und so schien einer schnellen und thatkräftigen Durchführung der Expedition nichts im Wege zu stehen.

Die glückliche Durchführung der Expedition aber hätte nicht nur eine nationale und humanitäre Ehrenpflicht gegen= über Emin Pascha erfüllt, sie würde auch den Deutschen kolonialen Bestrebungen außerordentlich zu Gute kommen. Man erwäge, welche moralische Wirkung allein die Thatsache gehabt hätte, daß ein Unternehmen, welches Stanley nicht auszuführen vermochte, den Deutschen glückte! Ueberdies aber ist die Erschließung der Hinterländer unserer Deutschostafrikanischen Besitzungen die reife Nebenfrucht dieser Expedition, und wenn es gelingt, eine dauernde Ver= bindung mit dem centralafrikanischen Seengebiet und den Provinzen Emins herbeizuführen, so müßten hieraus er= hebliche Vortheile für den Deutschen Handel erwachsen.

Diejenigen, welche Dr. Peters genauer kannten, hatten das volle Vertrauen, daß er die geeignete Persönlichkeit für ein solches kühnes, nur bei rücksichtsloser Energie und Willenskraft durchführbares Unternehmen sei. Dr Peters war deshalb von vornherein von dem Emin-Pascha-Comité für die Führung der Expedition ausersehen. Als aber im Hochsommer Wißmann, aus Madeira heimkehrend, seine

Dienste dem Comité gleichfalls zur Verfügung stellte, war
die Freude, eine so ausgezeichnete und bewährte Kraft zu
gewinnen, eine allseitige, und die gemeinsame Ausführung
der Expedition durch Peters und Wißmann wurde sofort
beschlossen. Ueber die Art der Vertheilung des Oberbefehls
zwischen beiden gelang es schon in Wiesbaden eine Ver=
einbarung zu Stande zu bringen, die noch im September
endgültig abgeschlossen wurde.

Seitdem haben hierüber keinerlei Meinungsverschieden=
heiten mehr obwalten können, es ist überhaupt nur einmal
ein Meinungsgegensatz zwischen Dr. Peters und Hauptmann
Wißmann vorhanden gewesen, der aber lediglich die Routen=
frage betraf und sehr bald so glücklich beigelegt wurde,
daß, als verspätete Nachrichten hierüber in die Presse
drangen, die volle Einigkeit im Emin=Pascha=Comité längst
wiederhergestellt war und in einem einstimmig gefaßten
Beschluß vom 25. November ihren Ausdruck fand. Nach
dem ursprünglichen Plan war die von Wißmann vorge=
schlagene Route durch Deutschostafrika angenommen und
die Absendung von Wißmann Anfangs October beschlossen.
— Da brach der Aufstand in Ostafrika aus und veränderte
die Sachlage gänzlich.

Bei den ersten Nachrichten vom Aufstande war dessen
Dauer und Bedeutung kaum vorauszusehen, ein Abwarten
schien demnach am angemessensten. Als sich aber zeigte,
daß die Niederwerfung des Aufstandes nicht so schnell in
Aussicht stand, mußte das Emin=Pascha=Comité versuchen,
nöthigenfalls unter Vermeidung des aufständischen Gebietes
die Expedition durchzuführen. Vorschläge nach dieser
Richtung wurden von Wißmann gemacht und nach Abschluß
eines Vertrages mit Wißmann die Heraussendung desselben
für Anfang Januar beschlossen, Dr. Peters sollte mit einer
zweiten Expedition baldmöglichst folgen. Während aber
Wißmann sich für diese Expedition ausrüstete, kamen immer
ernstere Nachrichten aus Ostafrika, die schließlich den Be=
schluß einer Reichsintervention und die Berufung Wißmanns
zum Reichskommissar zur Folge hatte. Da Hauptmann
Wißmann sich für einen solchen Fall das Rücktrittsrecht
von der Emin=Pascha=Expedition vorbehalten hatte, so blieb
dem Emin=Pascha=Comité nichts übrig, als nunmehr wieder

zu dem ursprünglichen Plan einer einheitlichen Expedition unter Führung des Dr. Peters zurückzukehren.

Die Vorbereitungen für die Expedition begannen nun mit großem Eifer. In Zanzibar leitete dieselben Dr. Bley, der seit zwei Jahren in Ostafrika thätig ist und zu den tüchtigsten Beamten der Deutschostafrikanischen Gesellschaft zählt. Außerdem ist Herr Ehlers, der am Kilimandscharo weilt, engagirt. Kapitän-Lieutenant Rust, der bei der Seewarte in Hamburg beschäftigt war, wird die Messungen und wissenschaftlichen Arbeiten der Expedition leiten und befindet sich mit Herrn Fricke,*) der lange Jahre im Sudan lebte und als Dolmetscher dienen wird, in Aden. Dort ist die Anwerbung von Somali-Soldaten unter einem der tüchtigsten Karawanenführer gelungen, während auch Träger bereits gesichert sind. Dr. Peters begiebt sich in Be= gleitung des Landwirthes Borchert nach Zanzibar, wohin Lieutenant von Tiedemann bereits vorausgereist ist. Die für die Expedition nöthigen Mittel sind vorhanden, die Ausrüstung ist eine vortreffliche. Ueber die Route, welche die Expedition einzuschlagen gedenkt, muß selbstverständlich jede Andeutung vermieden werden.

Unter solchen Umständen, meinen wir, sollten die besten und einmüthigsten Wünsche des deutschen Volkes die kühnen Männer auf ihrem Zug begleiten, der an Gefahren min= destens ebenso reich ist als an Ehren. Die widersprechendsten Nachrichten über das Schicksal Stanley's und Emin-Pascha's sind verbreitet worden. Einmal hieß es, Emin sei gefangen, und die Weisheit der deutschen Presse verkündete: jetzt, wie unnütz, eine Emin-Pascha-Expedition zu dem längst Ge= fangenen! Dann kommen wieder Berichte, daß Stanley Emin erreicht und in besten Verhältnissen getroffen, daß Emin Sieg auf Sieg erringt — was wollt ihr da mit eurer Emin = Pascha = Expedition? schreien dieselben

---

*) Dr. Bley wurde durch Krankheit gezwungen, nach Europa zurückzukehren, Herr Ehlers führte die Gesandtschaft der Dschagganeger nach Europa und Herr Fricke wurde entlassen. Durch die Schwierig= keiten, welche die Engländer später der Expedition bereiteten, war eine Einschränkung geboten, sodaß die Lücken nicht wieder ausgefüllt wurden.

Blätter, welche vorher die Gefangennahme Emin's für ausgemachte Wahrheit hielten. Wir aber setzten allen Nachrichten, die gleich wenig beglaubigt waren, wie sich jetzt zeigt, mit Recht, gleiches Mißtrauen entgegen. Noch ist nicht eine Zeile von Stanley's Hand nach Europa ge= langt, hätte aber Stanley Emin getroffen und wäre von diesem im August zum Arruwhimi zurückgekehrt, so würden im März doch wohl völlig beglaubigte Nachrichten mindestens durch den Telegraphen nach Europa gelangt sein. Daß aber weder Emin noch Stanley Briefe in die Heimath gesendet hätten, wenn sich ihnen Gelegenheit bot, ist gänzlich ausgeschlossen. Mithin ist es heute ebenso dringend, ja dringender wie vor Jahresfrist, durch eine deutsche Expedition Fühlung mit Emin Pascha herzustellen. Thun dies die Engländer gleichzeitig von Mombas aus, umso besser! Wenn aber wirklich Emin und Stanley sich in der besten Lage befinden, so wird der deutschen Expedition immer noch die gerade dann so bedeutsame Aufgabe bleiben, eine dauernde Verbindung zwischen dem Sudan und Deutschostafrika herzustellen.

Die deutsche Presse hat der Emin=Pascha=Expedition und der Person des Dr. Peters gegenüber eine schwere Verschuldung auf sich geladen. Mit einem wahren Be= hagen ist jede böswillige Nachricht durch die Zeitungen gegangen, und man hat es verstanden, die öffentliche Meinung gegen Dr. Peters mehr und mehr aufzuhetzen. Sehr persönliche Gehässigkeiten ganz untergeordneter Journalisten haben hierbei eine Rolle gespielt. Besonders bedauern wir es, daß die energische Art, mit welcher die Abgg. von Helldorff=Bedra und von Kardorff im Reichstag, sowie wiederholt der Abgeordnete von Bennigsen für Dr. Peters eintraten, die kartellfreundlichen Zeitungen nicht zu einer größeren Zurückhaltung bestimmte.

In dem Augenblick aber, wo Dr. Peters Deutschland verlassen hat, um eine Expedition anzutreten, für deren Erfolg er unter allen Umständen sein Leben einsetzt, sollte auch der anständige Gegner die Bekämpfung des Mannes, der sich nicht einmal mehr wehren kann, einstellen. Es verletzt in der That das Gefühl auf's Tiefste, wenn deutsche Zeitungen in einem solchen Augenblick kleinlichen

Klatsch und höhnische Angriffe gegen Dr. Peters ver=
breiten, obwohl sie doch wissen müssen, daß das Unter=
nehmen desselben entweder dem Vaterlande Ehre oder ihm
den Tod bringt. In beiden Fällen wird die Nation dem
kühnen Manne die verdiente Anerkennung einst nicht ver=
sagen, wozu also jetzt die gehässigen Angriffe?!
Wir erinnern uns, daß in ganz ähnlicher Weise Dr.
Peters verspottet und verhöhnt wurde, als er 1884 seine
erste Expedition antrat, und doch beruhen auf dieser die
deutschen Anrechte an Ostafrika, die wir mit starker Flotte
und großen Mitteln jetzt festhalten und die deshalb nicht
werthlos sein können. Hoffentlich wird Dr. Peters durch
die glückliche und ruhmvolle Durchführung seiner Expedition
auch diesmal wieder seine Gegner beschämen und sich neue
Verdienste um das Vaterland erwerben.

# Zweck und Ziel der deutschen Emin=
Pascha=Expedition.

(Deutsches Wochenblatt II. Jahrg. No. 18 v. 2. Mai 1889.)

Die Ziele der Deutschen Emin=Pascha=Expedition sind
von so weittragender Bedeutung für die überseeischen Ent=
wickelung Deutschlands, daß es selbst in der heutigen Zeit
des Rückgangs der deutschen Kolonialbewegung schwer
verständlich ist, wie die nachstehende Auslassung ihren Weg
in die Spalten der „Post" finden und durch den Abdruck
in der „Norddeutschen Allgemeinen Zeitung" einen officiösen
Stempel erhalten konnte. Wir lesen in der „Post":

„Das Unternehmen von Dr. Peters hat bei seinem Beginn unsere
volle Sympathie gehabt und ist derselben nicht verlustig geworden,
weil durch ein glückliches Zusammentreffen von Umständen, die sich
nicht voraussehen ließen, die Veranlassung zu seiner Fortsetzung ver=
schwunden ist. Zu bedauern wäre es aber, wenn die Kräfte, welche
in Anspruch genommen, und die Mittel, die gesammelt worden sind,
um die Emin=Pascha=Expedition einem glücklichen Ende zuzuführen,

nunmehr gewissermaßen vergeudet werden sollten. Es darf demnach
die Frage aufgeworfen werden, ob es nicht zweckmäßig sein würde,
das Unternehmen zu liquidiren und über die Geldmittel und die
Mannschaften, die demselben augenblicklich noch zur Verfügung stehen,
zu Gunsten der Wißmann-Mission zu disponiren. Dr. Peters Reise
ist nicht nur in den Augen der Zeitungsleser, sondern der mit den
ostafrikanischen Fragen am meisten Vertrauten eine Irrfahrt geworden,
deren Ziel man nicht mehr voraussehen kann, seitdem der Zweck der
Expedition durch das Zusammentreffen Emin Paschas mit Stanley
vereitelt, oder richtiger gesagt, bereits erreicht worden ist. Die Landungs-
versuche, welche Dr. Peters gemacht hat, sind resultatlos verlaufen.
Nach den letzten Nachrichten hatten ihm die Somali sogar mitgetheilt,
daß sie ihn tödten würden, falls er den Versuch machen sollte, bei
ihnen ans Land zu gehen; und aus Zanzibar wird gemeldet, daß
die Marine-Behörden sich veranlaßt gefühlt hätten, elf Kisten, Waffen
enthaltend, die mit der Post für Dr. Peters angekommen waren, zu
konfisciren. Diese Maßregel ist eine vollständig gerechtfertigte, denn
selbstverständlich können weder die deutschen noch die englischen Autoritäten gestatten, daß angesichts der arabischen Bewegung bewaffnete
Private in ihre Interessensphären eindringen. Ein solches Vorgehen,
abgesehen davon, daß dasselbe für die Eindringlinge selbst mit Lebens-
gefahr verknüpft sein würde, wäre dazu angethan, den Behörden
Schwierigkeiten aller Art zu bereiten, sei es auch nur, daß dieselben
dadurch in die Lage versetzt werden könnten, gefangene Landsleute
durch Waffengewalt oder durch Zahlung hoher Lösegelder befreien
zu sollen. Unter diesen Umständen darf denjenigen, welche in den
Angelegenheiten der deutschen Emin-Pascha-Expedition das entscheidende Wort zu sprechen haben, zur ernsten Erwägung aufgegeben
werden, die geeigneten Schritte zu veranlassen, um das zwecklos
gewordene Unternehmen einem anderen großen deutschen Zwecke
dadurch dienstbar zu machen, daß sie dasselbe in die Expedition des
Hauptmanns Wißmann aufgehen ließen, der für die angeworbenen
Somali sowohl, wie für die wenigen Weißen, welche sich dem
Peters'schen Unternehmen angeschlossen haben, gute, den deutschen
Zielen nützliche Verwendung zu finden in der Lage wäre."*)

Hierzu bemerkt die „Freisinnige Zeitung" in ihrer ge-
schmackvollen Weise:

„Das sind im Wesentlichen dieselben Gründe, welche auch wir
gegen das Peters'sche Unternehmen stets ins Feld geführt haben.
Auffallend ist nur, daß den Officiösen die Einsicht wieder einmal so
spät kommt. Oder sollte auch diese Karre in Ostafrika bereits verfahren sein?"

---

*) Es kann jetzt keinem Zweifel mehr unterliegen, daß dieser
Artikel derselben offiziösen Quelle entstammt, von welcher früher die
Auslassungen der „Nordd. Allg. Zeit." ausgingen.

Wir müssen der „Freisinnigen Zeitung" Recht geben, die Auslassungen der „Post" kommen thatsächlich überein mit denjenigen Gründen, welche bisher nur von den Kolonialfeinden gegen die Emin = Pascha = Expedition geltend gemacht wurden. Es ist demgegenüber am Platze, nochmals darzuthun, welche Zwecke und Ziele die Deutsche Emin = Pascha = Expedition verfolgt und zu untersuchen, ob dieselben noch erreichbar sind oder nicht. Die Deutsche Emin=Pascha=Expedition hat den Zweck, Emin=Pascha Hülfe zu bringen. Hat Stanley dies bereits gethan? Niemand wird mit ja antworten können, denn aus den Berichten Stanleys geht hervor, daß er entblößt von allen Vorräthen war, als er mit Emin zusammentraf. Vielleicht aber bedarf Emin der Hülfe gar nicht? Emin bedarf so lange dringend der Hülfe, bis er eine dauernde Verbindung mit Europa erlangt. Diese besitzt er jetzt nicht und ohne dieselbe kann er sich nicht dauernd halten, deshalb haben die Engländer bereits nicht eine, sondern mehrere Expeditionen von Ostafrika aus Emin zur Hülfe geschickt. Warum geschah das, wenn durch Stanley der Zweck der Emin=Pascha= Expedition „bereits erreicht worden ist?"

Als im vorigen Jahre im deutschen Volke sich überall die regste Theilnahme für die Expedition zur Aufsuchung unseres Landsmannes Dr. Schnitzer (Emin=Pascha) regte, herrschte überall der bange Zweifel, wird die Expedition nicht zu spät kommen? Wird Emin auf seinem Posten ausharren können, bis die Expedition ihn erreicht? Durch die Berichte Stanleys haben wir die freudige Zuversicht gewonnen, daß dies der Fall ist. Durch diese Berichte ist mithin die deutsche Expedition nicht überflüssig geworden, sondern in ihrer Bedeutung wesentlich erhöht.

Die Ziele der Deutschen Emin=Pascha=Expedition liegen aber keineswegs nur auf humanitärem Gebiet. Oder glaubt man etwa, daß Stanley und die englischen Expeditionen ihr Opfer an Geld und Blut nur dem schönen Zwecke widmen, dem wackern Emin Hülfe zu bringen!? In Wahrheit handelt es sich um die handelspolitische Erschließung Mittelafrikas, um den Zugang zu dem Seengebiet und zum Sudan, um die Festhaltung des Stützpunktes, den Emins Reich für die europäische Kultur und damit für die commercielle Angliederung Central=Afrikas bietet. Schon sind die Engländer am Werke von Mombas aus, die Handelsstraßen, ins Innere Afrikas zu erschließen, um dort wichtige Absatzgebiete für englische Industrie=Erzeugnisse und reiche Fundgruben werthvoller Naturprodukte vielleicht schon in einer nahen Zukunft zu finden. Sollen wir Deutsche wiederum, wie so oft in der Geschichte, zu spät kommen! Wenn wir in diesem Augenblick die Deutsche Emin=Pascha= Expedition aufgeben würden, so würde die Zukunft hierüber ähnlich urtheilen, wie wir heut über den Reichstagsbeschluß, der die Samoa=Vorlage zu Fall brachte.

Macht nun vielleicht der Aufstand in Ostafrika die Deutsche Emin=Pascha=Expedition bedenklich? Im Gegen= theil, wenn das Prestige des deutschen Namens dort ge= litten hat, so ist es um so nöthiger, durch das Gelingen der Expedition dasselbe wieder herzustellen. Wenn durch die Thätigkeit des Reichscommissar Wißmann die Küste in den festen Besitz der Deutschen gelangt ist, dann muß es um so werthvoller sein, wenn die Emin=Pascha=Expedition, aus dem Innern zurückkehrend, die deutsche Herrschaft über die Karavanenstraße bis zu den großen Seen ausdehnt. Die Idee, daß durch den Vormarsch der Expedition durch die insurgirten Landestheile militärische Schwierigkeiten entstehen könnten, ist eine ganz haltlose. Es ist selbstverständlich, daß hier nur ein Zusammenwirken mit dem Reichscommissar Wißmann denkbar ist. Halten Wißmann und Peters ein solches Zusammenwirken für möglich und durchführbar, so darf man ihren gemeinsamen Maßregeln volles Ver= trauen schenken. Wenn aber an Ort und Stelle der Marsch durch Deutschostafrika bedenklich erscheint — ob= wohl nach den uns zugängigen sachkundigen Urtheilen der Aufstand lediglich die Küste umfaßt und der Marsch einer so starken Expedition, wie es die Deutsche Emin= Pascha=Expedition sein wird, weder an der Küste noch im Innern etwas zu fürchten hat — wenn also der Marsch durch Deutschostafrika nicht beschlossen wird, so bleibt für Dr. Peters die von Wißmann so warm empfohlene Witu= Tana=Route, die weder durch die englische, noch durch die deutsche Interessensphäre, vielmehr durch Gebiete führt, in denen es keinen Aufstand und keine Araber giebt. Der

Aufstand hindert demnach an sich die Durchführung der Expedition gar nicht.

Bisher sind der deutschen Expedition von den Engländern die größten Hindernisse bereitet — ein Beweis dafür, daß diese sie fürchten und eine andre Meinung von ihrem Werth haben, als dieselbe leider in manchen deutschen Kreisen vorherrschend ist. Die für die Expedition angeworbenen Somali-Krieger bestiegen in Aden ein englisches Schiff nach Lamu. Der Sultan von Zanzibar, Landesherr von Lamu, hatte die Ausschiffung dieser Somali in Lamu durch Befehl an seinen Wali gestattet — die Engländer aber legten widerrechtlicher Weise in Lamu nicht an, eingestandenermaßen um das Zustandekommen der deutschen Expedition zu hindern, und statt eines Schrei's der Entrüstung erhebt sich in Deutschland der Ruf, die Expedition angesichts solcher Schwierigkeiten aufzugeben. Wir meinen, gegenüber diesen englischen Intriguen ist es umsomehr Ehrensache für uns die Expedition durchzuführen.

Man spricht dann von Waffen-Confiscationen. Wir legen diesen Dingen wenig Werth bei, denn es sind doch nur zwei Fälle möglich, die Expedition geht entweder in Uebereinstimmung mit dem Reichscommissar durch Deutschostafrika oder durch Witu außerhalb der Aufstandsbezirke, in beiden Fällen wird man einem deutschnationalen Unternehmen die Waffen kaum vorenthalten können.

Hätten die Deutschen einer englischen Expedition die Landung in Lamu verweigert, oder hätte man derselben Waffen confiscirt, so würde sich in England ein Sturm der öffentlichen Meinung erheben.

Wenn von „Irrfahrten des Dr. Peters" und dessen versuchter Landung bei den Somalis gesprochen wird, so gründet sich dies auf eine gehässige, höchst unwahrscheinliche englische Depesche. Was Peters in Somaliland sollte, ist unersindlich, daß er nicht etwa mit der Expedition landen wollte, geht daraus hervor, daß diese vor Ende Mai schon wegen der Regenzeit nicht aufbrechen kann.

Schließlich wird dem deutschen Emin-Pascha-Comité der gute Rath gegeben, seine Mittel zur Unterstützung der Wissmann'schen Unternehmungen aufzuwenden. Wissmann ist Kommissar des Deutschen Reiches, und wir meinen, daß

das Deutsche Reich noch in der Lage ist, seine Unter=
nehmungen aus eigenen Mitteln durchzuführen. Jedenfalls
aber ist das deutsche Emin=Pascha=Comité gar nicht befugt,
die für die Emin=Pascha=Expedition gesammelten Gelder zu
irgend einem andern Zweck zu verausgaben. Wenn die
Liquidation des Unternehmens sich als nöthig erweisen
sollte, so kann dieselbe nur darin bestehn, daß die Zeichner
die noch nicht verausgabten Gelder zurückerhalten. Vorerst
aber müssen andere, wichtigere Thatsachen als unglaub=
würdige englische Depeschen eintreten, ehe ein Unternehmen
aufgegeben werden darf, dem Seine Majestät der Deutsche
Kaiser und Seine Durchlaucht der Reichskanzler Fürst von
Bismarck ihre Sympathieen ausgesprochen, das einem
patriotischen Impulse der Nation sein Dasein verdankt und
dessen glückliche Durchführung der Deutschen Nation Ehre
und dem Vaterlande Nutzen bringen würde.

Dr. Karl Peters und die deutsche Presse.
(Deutsches Wochenblatt II. Jahrg. No. 20 v. 16. Mai 1889.)

Man kann jetzt kaum ein Zeitungsblatt zur Hand
nehmen, ohne daß dasselbe einen scharfen Angriff gegen
Peters enthält. Nicht nur die kolonialfeindliche Presse,
nein auch die Organe, welche im übrigen für eine aktive
Kolonialpolitik eintreten, suchen in jeder Weise die Persön=
lichkeit des Dr. Peters mit Gehässigkeiten zu überschütten.
Man muß demgegenüber doch einmal fragen, was Dr. Peters
eigentlich gethan hat, um in dieser Art behandelt zu werden.
Als Dr. Peters im Frühjahr 1884 aus England nach
Deutschland zurückkehrte, hielt man in den kolonialpolitischen
Kreisen Deutschlands die praktische Kolonisation für eine
Aufgabe des zwanzigsten Jahrhunderts. Niemand kann
leugnen, daß von Peters der Impuls für eine neue und
kräftige Ausbreitung der kolonialen Ideen in Deutschland
ausging. Schon nach wenigen Monaten hatte Peters

Mittel genug gesammelt, um eine Expedition nach Ostafrika
auszuführen. Auf dieser Expedition und ihren Erwerbungen
beruht der gesammte Anspruch Deutschlands auf Ostafrika,
abgesehen von dem kleinen Witu. Es steht unzweifelhaft
fest, daß Deutschland nur dem Dr. Peters die ostafrikanischen
Erwerbungen verdankt. Wer als Gegner der deutschen
Kolonialpolitik die ostafrikanischen Erwerbungen bedauert
und den Werth derselben leugnet, für den kann das Ver=
dienst des Dr. Peters ein zweifelhaftes sein, wer aber auf
dem Boden der deutschen Kolonialpolitik steht und unsre
deutsch=ostafrikanische Kolonie für unsern werthvollsten und
zukunftreichsten überseeischen Besitz ansieht, der macht sich
eines häßlichen Undanks schuldig, wenn er die Verdienste
von Peters, ohne welchen es eine deutsch=ostafrikanische
Kolonie überhaupt nicht geben würde, verkennt. Nichts ist
eines großen Volkes unwürdiger als Undankbarkeit gegen
diejenigen, welche dem Vaterlande Dienste geleistet; die Er=
werbung einer großen und reichen Kolonie ist ein Dienst,
dessen vollen Werth allerdings erst die Zukunft würdigen
wird. Die Art aber, wie der Mann, der diese Kolonie
erworben, gegenwärtig in der deutschen Presse behandelt
wird, gereicht dieser nicht zur Ehre. Wie schon bemerkt,
richtet sich dieser Vorwurf weniger gegen die oppositionelle
Presse, der es von ihrem Standpunkte aus nicht verübelt
werden kann, daß sie mit allen Mitteln einen Mann
angreift, der für die von ihr für verderblich gehaltene
kolonialpolitische Bewegung bahnbrechend und führend ge=
wirkt hat.

Die Hetze gegen Dr. Peters, wie sie jetzt in Scene
gesetzt ist, geht diesmal aber gar nicht etwa von der frei=
sinnigen Presse aus, die vielmehr nur den Chorus dazu
abgiebt und tertius gaudens spielt, sondern sie wird er=
staunlicher Weise von einer Anzahl von Blättern betrieben,
denen mit Recht oder Unrecht, das sei dahingestellt, der
officiöse Charakter zugeschrieben wird.

Daß sich diese in ihrem Tone überaus häßlichen Aus=
streuungen überall da aufs Kläglichste bloßstellten, wo sie
sich sachlich unterrichtet zeigen möchten, ist ein erfreulicher
Beweis dafür, daß die Quelle dieser „Officiosität" nicht
sehr hoch belegen sein kann; umsomehr ist es an der

2*

Zeit, daß hiergegen Stellung genommen wird und daß fortan die anständige Presse es den Kolonialfeinden über= läßt, den Mann anzugreifen, dem wir eine große Kolonie verdanken. Liegt denn etwa irgend ein Verschulden vor, welches Dr. Peters begangen hat? Aus den vielen An= griffen gegen ihn haben wir ein solches nicht herauslesen können, wir wissen aber, daß seine Verdienste sich nicht auf die Erwerbung von Usagara beschränken.

Nachdem Dr. Peters den kaiserlichen Schutzbrief für die von ihm erworbenen vier Länder erlangt, hat er mit ganz unzureichenden Mitteln eine weitsichtige Politik ver= folgt, sehr im Gegensatz zu den guten Rathschlägen, die ihm damals in der Presse und sonst gegeben wurden. Statt, wie ihm gerathen wurde, zunächst das Erworbene auszubeuten, sandte Peters Expedition auf Expedition hin= aus, um immer neue Erwerbungen vorzunehmen. Es rief das damals heftigen Tadel hervor, war aber der einzige Weg, um jene Ansprüche Deutschlands zu schaffen, die später die Grundlage für die internationalen Festsetzungen in Ost= afrika abgaben. Was man damals als „Abenteuerei" brandmarkte, brachte uns den Besitz von Usambara und des Kilimandscharo, der Perlen unserer Kolonien.

Während dieser ganzen Zeit kämpfte die inzwischen gegründete Deutsch=Ostafrikanische Gesellschaft mit financiellen Schwierigkeiten, die erst ein Ende fanden, als es Dr. Peters, unter besonderer Mitwirkung des Herrn Reichskanzlers, gelang, die Fundirung der Deutsch=Ostafrikanischen Gesell= schaft durchzuführen, und im April 1887 konnte Dr. Peters nach Zanzibar abgehen, um nunmehr die Kolonisations= arbeit im großen Stile zu beginnen.

Aber kaum hatte Peters Berlin verlassen, so begann man in der Presse sich zu bemühen, den Mann aus der Deutsch=Ostafrikanischen Gesellschaft zu entfernen, dem diese ihr Dasein verdankt und der ihre Seele gewesen ist. Es waren dieselben Stellen, welche auch jetzt die systematische Hetze gegen Peters treiben, die im Sommer 1887 die falsche Nachricht von der Rückberufung des Dr. Peters in die Zeitungen brachten. Dr. Peters sollte sich draußen sehr schlecht bewährt haben, und die deutsche Presse war beinahe einstimmig, ihm das Zeugniß der größten Unfähigkeit auszustellen.

Und gerade zu dieser Zeit hatte Dr. Peters einen neuen, großen Erfolg errungen. Es gelang ihm, mit dem Sultan von Zanzibar in freundschaftliche Beziehungen zu treten und dessen Minister Mohamed ben Salim für sich zu gewinnen. So konnte er am 31. Juli 1887 den Vertrag unterzeichnen, durch welchen die Küste und die Zollverwaltung an die Deutsch-Ostafrikanische Gesellschaft überlassen wurde. In jedem anderen Lande hätte der Mann, der das erreicht, den größten Ruhm geerntet; was aber geschah in Deutschland? Der Vertrag wurde nicht genehmigt, es wurden vielmehr Aenderungen beliebt. Diese Vorgänge verdienen noch eine gründliche Aufhellung, denn wir suchen in ihnen den wahren Grund der ostafrikanischen Wirren. Will man aber auch die Erwerbung des deutschen Schutzgebiets nicht als ein Verdienst von Peters gelten lassen, so bleibt noch immer sein Werk die Einleitung desjenigen Vertrages mit dem Sultan von Zanzibar, den der Herr Reichskanzler im Reichstag als eine werthvolle, zukunftsreiche deutsche Errungenschaft selbst bezeichnet hat. Peters hat das Verdienst zu beanspruchen, den richtigen Blick für die Bedeutung des ostafrikanischen Küstenstreifens besessen und bethätigt zu haben, der unserm deutschen Vertreter beim Londoner Abkommen leider vollständig gemangelt hat. Daß es ihm nicht vergönnt war, den von ihm thatsächlich durchgesetzten Vertrag zum endgiltigen Abschluß zu bringen, lag an einer Reihe von Complicationen, wie die orientalische Politik sie mit sich zu bringen pflegt, und auf die näher einzugehen, wir für jetzt aus politischen Rücksichten vermeiden wollen.

Wir wissen endlich noch von Peters, daß er es gewesen ist, der jenen trefflichen Stab von thatkräftigen, besonnenen und für die Sache begeisterten Männern ausgewählt und herangebildet hat, denen der Ausbau der ostafrikanischen Kolonie im Wesentlichen zu verdanken ist und die, gegenüber den gegen sie gerichteten Verdächtigungen keine bessere Rechtfertigung finden können, als durch die Thatsache, daß der Reichscommissar Wissmann aus ihrer Mitte fast sämmtliche wichtigen Posten seiner Expedition besetzt hat. Man sage uns doch einmal, wodurch denn Peters sich so vergangen hat, daß es sich geziemen sollte, ihm gegenüber alle Rücksichten, die einem Abwesenden, der sich nicht zu wehren vermag, zu gute kommen, außer Acht zu lassen?

Man komme uns nicht mit angeblichen Fehlern, die Peters als Leiter der ostafrikanischen Gesellschaft gemacht haben soll, wir denken das Verhältniß einer Gesellschaft zu ihrem Director ist eine reine Privatangelegenheit, welche die Oeffentlichkeit nicht beschäftigen sollte. Wir müssen es jedenfalls ablehnen, uns mit diesen inneren Angelegenheiten der ostafrikanischen Gesellschaft zu befassen.

Inzwischen befuhr Dr. Peters mit einem Sultansdampfer die ostafrikanische Küste; in seiner Begleitung befand sich der Minister des Sultans, Mohamed ben Salim. Ueberall, namentlich auch in den Städten, die später die Rebellion machten, wurde Peters mit Jubel begrüßt. Die Araber der Küste wünschten damals die deutsche Verwaltung, die eine Befreiung von der Schreckensherrschaft des damaligen Sultan Said-Bargasch bedeutete, und dieser seinerseits war so gefürchtet, daß die Uebernahme der Verwaltung, solange er am Ruder war, ohne jede Weiterung hätte vollzogen werden können. Auch von diesem Gesichtspunkt aus fällt die Schuld aller späteren Verwickelungen auf jene, welche Aenderungen des Vertrages veranlaßt hatten. Dr. Peters erhielt Anweisung, diese Aenderungen durchzusetzen. Er hatte bis dahin diejenige Politik verfolgt, welche den Engländern in Indien so große Erfolge gebracht, er hatte den Sultan in das deutsche Interesse zu ziehen gewußt, indem er ihm pekuniäre Vortheile in Aussicht stellte. Der Sultan wäre damals geneigt gewesen, sogar die Zölle in Zanzibar und seine Dampferflotte der Deutsch-Ostafrikanischen Gesellschaft zu überlassen. Die Lage änderte sich aber mit einem Schlage, als Peters, statt mit der Vollziehung des Vertrages, mit Aenderungen desselben kam. Der Sultan sah das als eine Unzuverlässigkeit von Peters an, der deutschfreundliche Minister Mohamed ben Salim starb plötzlich, wie man wohl mit Recht annimmt, an Gift, und dank der Weisheit am grünen Tisch, war die Möglichkeit, im Einverständniß mit den Arabern und dem Sultan die deutsche Kolonisation zu fördern, dauernd vernichtet.

Peters wurde aus Zanzibar zurückgerufen und bei

seiner Rückkehr in der deutschen Presse mit ebenso un=
gerechten wie schweren Vorwürfen überschüttet. Er hätte
es nicht verstanden, mit dem Sultan zu unterhandeln, dieser
wolle nichts von ihm wissen, er hätte draußen völlig
Fiasko gemacht. Dr. Peters stand allen diesen Angriffen
wehrlos gegenüber, da er als Beamter der ostafrikanischen
Gesellschaft schweigen mußte. Die Angriffe gingen immer
von denselben Persönlichkeiten aus, die sich offenbar die
Vernichtung des Dr. Peters zum besonderen Zweck ge=
macht haben.

Dr. Peters mußte sehr bald in den Kreisen der ost=
afrikanischen Gesellschaft wieder Boden zu gewinnen. In=
zwischen brach der Aufstand aus, der vielleicht vermieden
worden wäre, wenn der Vertrag unverändert angenommen
und von Peters unter Saïd=Bargasch ausgeführt wäre.

Dr. Peters kam mit der Absicht nach Deutschland
zurück, sich einem neuen großen Unternehmen zu widmen.
Er brachte den Plan der deutschen Emin=Pascha=Expedition
mit. Auch bei dieser war Peters der eigentliche Urheber
und die Seele des Ganzen. Auf ihn ist im Wesentlichen
die Agitation für die Sache, auf ihn ist die Begründung des
deutschen Emin=Pascha=Comité zurückzuführen und viele der
großen Zeichner, welche durch ihre Gaben das Zustandekommen
der Expedition allein ermöglichten, gehören zu den persönlichen
Freunden des Dr. Peters und wurden zu ihren erheblichen
Geldopfern bewogen, weil sie wünschten, daß Peters diese
Expedition führe. Peters war denn auch von Anfang an
vom Comité für die Führung in Aussicht genommen. An
Wißmann, der damals in Madeira weilte, dachte Niemand.
Als aber Wißmann im Sommer nach Berlin kam und
seine Dienste dem Emin=Pascha=Comité anbot, war dieses
hocherfreut, eine zweite, so bewährte und ausgezeichnete
Persönlichkeit zu gewinnen. Von einer Verdrängung des
Dr. Peters durch Wißmann war indessen keine Rede, beide soll=
ten zusammenwirken, und eine Vereinbarung hierüber wurde
glücklich erzielt. Es ist unrichtig, zu behaupten, daß Wißmann
„an der Spitze" des Unternehmens gestanden hätte. Von der
Begründung an war vielmehr Dr. Peters der Vorsitzende sowohl
des provisorischen, wie später des definitiven deutschen Emin=
Pascha=Comités. So lagen die Dinge, als der Aufstand in

Ostafrika ausbrach und es leider versäumt wurde, den=
selben, was so leicht ausführbar war, im Entstehen zu er=
sticken. Die Emin=Pascha=Expedition erfuhr einen Aufschub,
und von den immer geschäftigen Feinden des Dr. Peters
wurde nun versucht, zwischen Wißmann und ihm einen
Gegensatz zu schaffen. Es ist das glücklicherweise, nachdem
leider sehr unzeitgemäß eine gelegentliche Meinungs=
verschiedenheit zur öffentlichen Erörterung gelangt war,
gänzlich mißlungen. Die beiden Männer, welche für
Deutschlands Stellung in Afrika so bedeutende Aufgaben
zu lösen haben, sind in vollster Freundschaft draußen thätig.
Als Wißmann dem Emin = Pascha = Unternehmen noch
im letzten Augenblick — es war kurz vor der Abreise nach
Afrika, die Anfangs Januar stattfinden sollte, entzogen
wurde, begann merkwürdiger Weise an einigen Stellen, von
denen vorher die commercielle und nationale Bedeutung der
deutschen Emin=Pascha=Expedition vollauf gewürdigt war,
eine Abkühlung gegen die Sache, die doch durch die Per=
sönlichkeit des Ausführenden an sich nicht verändert wird.
Daß diese Abkühlung soweit ginge, wie einige Zeitungen
behaupten, daß sogar Weisungen nach Ostafrika gegangen
sind, „die Peters'sche Expedition" zu hintertreiben, können
wir nicht glauben. Es wäre das in der That gegenüber
einem Unternehmen, für welches S. Majestät der deutsche
Kaiser seine wärmste Sympathie ausgesprochen und An=
gesichts der wichtigen deutschen Interessen, welche auf dem
Spiel stehen, unerhört. Aber auch hier müssen diese Zei=
tungen ebenso falsch unterrichtet gewesen sein, als es die
„Norddeutsche Allgemeine Zeitung" war, als sie bestritt, daß
Fürst Bismarck die Emin=Pascha=Expedition als patriotisch
anerkannt habe.

Der neuste Vorstoß der Feinde des Dr. Peters ist
wieder geschickt inscenirt. Die große, freisinnige Presse
bildet einen vortrefflichen Resonanzboden. Ihr ist der
Mann natürlich in der Seele verhaßt, der die deutsche
Kolonialpolitik in neue, wichtige Gebiete lenkte und wegen
seiner scharfnationalen Gesinnung und seines begeisterten Ein=
tretens für die große Politik der Hohenzollern und des
Reichskanzlers von vornherein auf den Haß dieser Kreise
zu rechnen hatte. Schwerverständlich ist es dagegen, wie

die Presse der nationalen Parteien sich zur Ablagerungs=
stätte der Gehässigkeiten gegen Dr. Peters machen lassen
konnte und gerade dadurch den Freisinnigen so treffliche
Gelegenheit bietet, die deutsche Kolonialpolitik überhaupt
herabzuziehen. Ging doch so ein Officiöser kürzlich so weit,
sich über die Blutsbrüderschaften und Verträge des
Dr. Peters lustig zu machen. Der Mann vergißt, daß
hierauf der Kaiserliche Schutzbrief und der ganze Anspruch
Deutschlands auf Ostafrika beruht — die Kolonialfeinde mögen
darüber spotten, aber die Anhänger der Kolonialpolitik
schlagen sich selbst ins Gesicht, wenn sie das thun. Diese
Neger=Unterschriften, über die schon so viel gewitzelt worden
ist, sind zu allen Zeiten der Ausgangspunkt und die Grund=
lage aller Koloniegründungen gewesen und werden immer
wieder den Anfang machen müssen, wo irgendwo in der
Welt herrenloses Land für irgend eine Kolonialmacht er=
worben werden soll. Ebenso ist die Bekämpfung der Emin=
Pascha=Expedition in der Absicht, Dr. Peters aus dem
Sattel zu heben, um dann zu schreien, daß er nicht reiten
konnte, nur zu sehr geeignet, den Freisinnigen Wasser auf
die Mühle zu liefern. Die „Freisinnige Zeitung“ hat sich
denn auch beeilt, die Nutzanwendung zu ziehen und sie hatte
hierzu ein volles Recht.

Es ist bezeichnend für die Haltung unserer Presse
gegenüber officiösen Einflüssen, daß es möglich war, die
Presse der nationalen Parteien derartig zu beeinflussen, wie
wir das in letzter Zeit gesehen haben, obwohl bei den
leitenden Persönlichkeiten dieser Parteien diese Verhetzung der
öffentlichen Meinung gegen Dr. Peters die entschiedenste Miß=
billigung findet. Wir erinnern daran, mit welcher Ent=
schiedenheit die Abgg. von Bennigsen, von Helldorff=Bedra
und von Kardorff auf die Verdienste des Dr. Peters hin=
gewiesen haben, die demselben unter allen Umständen an=
gerechnet werden müssen. Dr. Peters hat es leider ver=
standen, sich zahlreiche Feinde zu machen, aber diese
persönlichen Gegensätze, über die wir hier nicht sprechen
wollen, dürfen niemals zum Schaden großer und wichtiger
Unternehmungen auf das sachliche Gebiet übertragen werden.
Deshalb sollten die Organe der drei nationalen Parteien
sich der Haltung ihrer Führer im Reichstage erinnern und

jene Einsendungen abweisen, die nicht nur die Person von
Peters, sondern die auch sehr weitgehende politische Inter=
essen in einer unbegreiflichen Kurzsichtigkeit blosstellen.

Der Sieg, den Wißmann in Ostafrika errungen, wird
nun wohl endlich der Aengstlichkeit ein Ende machen, die
allein Schuld trägt, daß Buschiri eine Rolle spielen konnte,
man wird nun wohl endlich begreifen, daß solche Gegner
der Emin=Pascha=Expedition nicht gefährlich werden können,
ganz abgesehen davon, daß diese, wenn sie von Witu aus=
geht, weder mit dem Aufstand noch mit den Arabern in
Berührung kommt. Wenn man aber behauptet, die Expe=
dition sei überflüssig, weil Stanley Emin erreicht hat —
dann hat man Zweck und Absicht der Expedition überhaupt
nicht begriffen. Vor wenigen Monaten kam die Nachricht,
Emin sei gefangen, unsre freisinnigen Zeitungen waren sofort
überzeugt, daß „nun" die Deutsche Emin=Pascha=Expedition
überflüssig sei. Stanley hat uns nicht eine Zeile von
Emin gebracht, was mindestens sehr verdächtig, er hat
sicher keine Vorräthe nach Wadelai besorgt, trotzdem wissen
unsere Kolonialfeinde genau, daß Emin keiner Hülfe bedarf
— ein Wissen, das vielleicht in wenigen Monaten ebenso
sich als hinfällig erweist, wie heut das „Wissen" von der
Gefangennahme Emins.

Von allen Gesichtspunkten aus bleibt die Deutsche
Emin = Pascha = Expedition ebenso nützlich und wichtig wie
früher, man kann dieselbe principiell für falsch halten und
bekämpfen, aber man kann nicht, wenn man sie früher be=
fürwortete, sie jetzt angreifen. Geschieht das trotzdem, so
hat es nicht sachliche, sondern persönliche Ursachen und
diese persönlichen Ursachen sehen wir in dem Wunsch be=
kannter Kreise, die verhaßte Persönlichkeit des Dr. Peters
vollends zu vernichten. Es ist aber viel verlangt, wenn
auf Grund solcher Motive dem Emin=Pascha=Comité zu=
gemuthet wird, die bedeutenden Summen, welche bereits
verausgabt sind, aufzuopfern und ein Unternehmen aufzu=
geben, für welches überhaupt keine andern ernsteren
Schwierigkeiten bestehn, als diejenigen, welche man ihm von
Berlin aus etwa macht.

Die officiösen Angriffe gegen Dr. Peters und gegen
die Emin=Pascha=Expedition haben in den parlamentarischen

Kreisen sehr verstimmt und sind auch insofern ein schwerer politischer Fehler. Wie wir bereits ausführten, sind die Führer der nationalen Parteien im Reichstage für Dr. Peters eingetreten und dieselben gehören meist auch dem Emin= Pascha=Comité an. Bei künftigen kolonialpolitischen Vor= lagen der Regierung ist diese auf das Eintreten derjenigen Abgeordneten angewiesen, die sich jetzt durch die rücksichts= losen Angriffe gegen Dr. Peters und die Emin=Pascha= Expedition mit Recht verletzt fühlen. Es wäre deshalb gut, wenn man den Dingen draußen ihren Lauf ließe, man gebe Dr. Peters freie Bahn für seine Expedition, es wird sich ja dann zeigen, ob er etwas leistet oder nicht.

Die Feindseligkeiten der Engländer gegen die Deutsche Emin=Pascha=Expedition.

(Deutsches Wochenblatt II. Jahrg. No. 28 v. 11. Juli 1889.)

Nachdem nunmehr eine zuverlässige Nachricht darüber vorliegt, daß die Deutsche Emin=Pascha=Expedition den Marsch ins Innere des dunklen Erdtheils angetreten, können wir ohne diejenigen Rücksichten, welche vorher im Interesse der Sache zu nehmen waren, den bisherigen Gang des Unternehmens erörtern.

Bei allen früheren Expeditionen, welche große wissen= schaftliche oder humanitäre Zwecke erstrebten, haben die Völker miteinander gewetteifert, das Gelingen in jeder Weise zu fördern. Die kühnen Männer, die sich in den Dienst solcher gefährlichen Unternehmungen stellten, sind immer der Stolz ihres Vaterlandes gewesen und haben die Bewunderung der Welt auf sich gezogen. Zum ersten Mal trat eine Aenderung bei der deutschen Emin=Pascha= Expedition ein. Diese hatte ihre ersten Kämpfe und Schwierigkeiten nicht in der Wildniß gegen feindliche Ein= geborene, sondern gegen civilisirte Völker, mit denen Deutsch=

land in Frieden und Freundschaft lebt, zu bestehen. Das Verhalten der Engländer gegen die Deutsche Emin=Pascha= Expedition wird dauernd ein schwerer Vorwurf gegen die englische Nation bleiben; über die Ursachen dieses Verhaltens wollen wir jetzt mit rücksichtsloser Offenheit sprechen.

Als die Kunde nach Europa drang, daß der deutsche Gouverneur der egyptischen Aequatorialprovinzen, Emin Pascha, sich siegreich gegen den Mahdismus behaupte, rüsteten die Engländer die „Emin-Pascha-relief-expedition" unter Stanley aus. Die Engländer trieften dabei von humanitären Phrasen, nur die „Rettung" Emins, nicht irgendwelche kolonial= oder handelspolitischen Zwecke hatten sie im Auge. Es wurde rundweg abgeleugnet, daß Stanley geheime Aufträge habe.

In einem auch heut noch lesenswerthen Aufsatz, welchen unser berühmter Landsmann, Professor Schweinfurth, am 16. August 1888 im „Deutschen Wochenblatt" veröffentlichte (Jahrg. I., Nr. 21), heißt es:

„Von einem Ehrenmann, als welcher Stanley sich doch stets erwiesen, muß man erwarten, daß er vor Allem eingegangene Verpflichtungen innehält, und diese hat er zu Cairo in unzweideutigster Weise übernommen. Als ich ihn vor der Abreise von Cairo in Gegenwart Dr. Junker's wegen seiner Pläne zu sondiren versuchte, sagte Stanley, seine Aufgabe sei vor Allem die, Emin Pascha Unter= stützung zu bringen, dieser müsse er zunächst unentwegt gerecht werden; was sich später noch thun ließe, etwa in Betreff Uganda's und der Verbindungswege zum Indischen Ocean, darüber hätte er vor der Hand nichts zu bestim= men, das wolle er den sich nachher darbietenden Chancen überlassen; er wäre ja nicht abgeneigt, auch noch ein Uebriges zu thun, vorerst aber habe er seine Pflicht zu erfüllen."

Daß es Stanley nicht gelungen ist, Emin Pascha Hülfe zu bringen, steht heut fest. Nicht als Hülfe Bringender, sondern als Hülfsbedürftiger hat er ihn erreicht. Unter solchen Umständen hätten die Engländer, wenn wirklich ihnen nur die Rettung des tapfern Emin und die Er= haltung seiner Provinzen für die Civilisation am Herzen lag, die deutsche Expedition als eine willkommene Unter=

stützung ihrer eigenen Bestrebungen mit Freuden begrüßen müssen. Statt dessen haben die Engländer in Ostafrika in unerhörter Weise die deutsche Expedition zu hintertreiben versucht und dadurch den Beweis geliefert, daß ihnen die Rettung Emin's völlig gleichgültig ist, daß ihnen vielmehr lediglich kolonial= und handelspolitische Ziele vorschweben und daß sie sich in diesen sehr materiellen Interessen durch die deutsche Expedition, wie wir hoffen, mit Recht, be= droht fühlen.

Die außerordentlichen, zum Glück vergeblichen An= strengungen, welche die Engländer machten, um die deutsche Emin=Pascha=Expedition zu hintertreiben, sind ein vollendeter Beweis dafür, wie wichtige deutschnationale Interessen diese Expedition wahrzunehmen hat und wie kurzsichtig diejenigen kolonialfeindlichen und officiösen Preßäußerungen waren, die noch bis zuletzt die deutsche Emin=Pascha=Expedition bekämpften und vielleicht gerade dadurch die Engländer zu ihrem brutalen Vorgehen gegen unsere Landsleute in Ost= afrika ermuthigten. Wir wollen über dieses Kapitel hin= weggehen, das um so häßlicher ist, als es zum Theil die Person des Führers der Expedition Dr. Peters war, welche diese Angriffe hervorrief. Es ist aber ganz besonders beklagenswerth, wenn persönliche Zänkereien sich geltend machen, wo große nationale Interessen auf dem Spiel stehn. Das Verhalten der officiösen Presse gegenüber der deutschen Emin=Pascha=Expedition hat, wie wir es damals nachdrücklich ausgesprochen, in weiten Kreisen der Anhänger der Kolonialpolitik die tiefste Verstimmung hervorgerufen. Nach dem Briefe des Herrn Reichskanzlers an Dr. Fabri dürfen wir wohl hoffen, daß denjenigen Stellen, welche bisher beinahe systematisch in der officiösen Presse die deutsche Kolonialbewegung discreditirten, das Handwerk gründlich gelegt wird.*)

Wenn bei Bekämpfung der deutschen Emin=Pascha= Expedition in Deutschland die Person des Dr. Peters wesentlich in Betracht kam, so scheint auch in England dieser persönliche Grund theilweise mitgewirkt zu haben. Auch das

---

*) Diese Hoffnung ist leider nicht in Erfüllung gegangen.

ist wichtig festzustellen. Die Engländer sprachen es offen
aus, daß sie in Dr. Peters den Mann haßten, der ihnen
die ganzen ostafrikanischen Verwickelungen eingebrockt. Sie
hatten eine bessere Meinung von der Thatkraft und den
Erfolgen des Dr. Peters, als dessen deutsche Feinde, die
die Hetze gegen Peters so hartnäckig betrieben, ohne zu
erwägen, daß es ohne die Thätigkeit von Dr. Peters keine
deutschen Interessen in Ostafrika gäbe und daß mithin die
Nation die Pflicht hat, dem Erwerber ihrer größten und
aussichtsreichsten Kolonien dankbar zu sein.

Allein für die Engländer können nicht lediglich persönliche Erwägungen maßgebend gewesen sein. Ebensowenig
kam ernstlich die von den Engländern, den deutschen Officiösen und der kolonialfeindlichen Presse herbeigezogene
Rücksicht auf den ostafrikanischen Aufstand in Betracht.
Dieser ist, wie wir stets betonten, gewaltig überschätzt
worden; die heut von Dr. Peters eingeschlagene Route aber
liegt völlig außerhalb der Aufstands=Sphäre, Araber
kommen in den zu durchziehenden Gegenden überhaupt
nicht vor, und wenn man, wie die „Freisinnige Zeitung",
noch jetzt die Befürchtung ausspricht, die Expedition könne
den Arabern in die Hände fallen und als Geißel dienen,
so ist das ungefähr so, wie wenn man jemanden warnt,
nach Spanien zu reisen, weil das Räuberunwesen in der
Türkei wächst. Die Engländer sind viel zu praktische Leute,
als daß sie sich wegen der deutschen Emin=Pascha=Expedition
so besonders erhitzt haben würden, wie dies thatsächlich
der Fall war, wenn sie nicht ganz bestimmte Befürchtungen
vor derselben hegen würden.

Unter solchen Umständen muß daran erinnert werden,
daß der Bericht Stanley's über sein Zusammentreffen mit
Emin=Pascha in der Veröffentlichung jedenfalls die größten
Lücken aufweist und äußerst räthselhaft ist. Es ist anzunehmen, daß das englische Emin=Pascha=Comité viel aus-
führlichere Berichte besitzt und diese sicher nicht ohne Grund
verheimlicht. Erwägt man nun, daß Emin wiederholt in
Briefen den Wunsch ausgesprochen, Deutsche möchten zu ihm
kommen und sein Werk fortsetzen und nimmt man hinzu,
daß seitens des Deutschen Emin=Pascha=Comité's gleich
bei Beginn der Vorbereitungen für die deutsche Emin=

Pascha-Expedition auf verschiedenen Wegen Nachrichten an
Emin-Pascha abgesandt sind — so liegt die Vermuthung
nahe, daß Emin, von einer bevorstehenden deutschen Expe=
dition verständigt und in Kenntniß der deutschen Er=
werbungen in Ostafrika, Stanley ablehnend empfangen und
ihm mitgetheilt habe, daß er das Eintreffen der deutschen
Expedition abwarte. Hat Stanley in diesem Sinne nach
London berichtet, so wird es begreiflich, daß die Engländer
alles aufboten, um die deutsche Expedition zu hintertreiben;
zugleich tritt die Kurzsichtigkeit derjenigen Deutschen hübsch
hervor, die da meinten, Emin „wolle garnicht gerettet sein“,
nachdem sie einige Monate vorher die englische Nachricht
von der Gefangennahme Emins nicht minder glaubwürdig
befunden hatten. Zum Glück hat sich das Deutsche Emin=
Pascha-Comité durch keinerlei englische Listen und deutsche
Kurzsichtigkeiten beeinflussen lassen.

Was haben nun die Engländer thatsächlich durch ihre
Haltung gegenüber der deutschen Emin-Pascha-Expedition
erzielt? Nichts weiter, als daß der Expedition unnütze
Kosten und Schwierigkeiten entstanden sind. England darf
sich rühmen, die Mittel, die Emin zu Gute kommen sollten,
nicht unerheblich geschwächt und damit die Erreichung des
Zieles erschwert zu haben. Wie verträgt sich das mit den
humanitären Phrasen, mit denen Stanley's Expedition ein=
geleitet wurde? Wenn man aber annimmt, daß diese eng=
lischen Schwierigkeiten bei einer anderen Haltung des Aus=
wärtigen Amtes in Berlin unterblieben wären, so erscheint
auch dessen Politik in einem um so befremblicheren Lichte,
als es sich um ein Unternehmen handelt, dessen Mittel
aus freiwilligen Beiträgen deutscher Patrioten geflossen sind.

Der bisherige Entwickelungsgang der deutschen Emin=
Pascha-Expedition ist reich an Ueberraschungen gewesen.
Zuerst kam die befremdende Nachricht, daß die Engländer
durch eine Gewaltthat, ohne jede Spur von Recht, ohne
jede nachträgliche Entschuldigung, lediglich durch brutale
Macht, die Landung der für die Expedition angeworbenen
Somalis in Lamu verhindert hatten, obwohl der Souverän
von Lamu, der Sultan von Zanzibar, die Landung erlaubt
und das englische Schiff der „India Line“ den Transport
übernommen. Ein von Zanzibar nach Lamu gesandtes

englisches Kanonenboot hatte dem Dampfer den Befehl
gebracht, in Lamu nicht zu landen und direkt nach Zanzibar
zu dampfen. Was ging die englische Regierung die
Landung der Somalis in Lamu an, und was würden die
Engländer sagen, wenn die deutsche Regierung einer
englischen Expedition in ähnlicher Weise mitspielte? Es
entstand hieraus für die deutsche Expedition eine ganz
außerordentliche Reihe von Schwierigkeiten, Kosten und
Zeitversäumniß, wofür die englische Regierung hoffentlich
Entschädigung leisten wird.

Nun begannen die „Irrfahrten des Dr. Peters", wie
sich unsere officiöse und kolonialfeindliche Presse auf Grund
lügnerischer englischer Depeschen eine Zeit lang so geschmackvoll
ausdrückte. In Wahrheit handelte es sich um eine neue
Vergewaltigung durch die Engländer. Peters erfuhr, in
Zanzibar angekommen, das Schicksal der Somalis, er
mußte nach Lamu fahren, um mit den dort weilenden
Herren der Expedition die Einzelheiten der Landung in der
Mandabucht, die damals schon geplant war, zu besprechen
und vorzubereiten. Ein von der englisch = ostafrikanischen
Gesellschaft ausgesandter Dampfer nahm ihn mit nach Lamu,
in Mombas aber wurde Peters mitgetheilt, daß er in Lamu
nicht landen dürfe —— auch hier wieder ein Akt unerhörter
Gehässigkeit —: trotzdem erreichte Peters seinen Zweck, indem
die deutschen Herren in Lamu an Bord kamen. Der
Dampfer aber mit Peters an Bord fuhr noch nach den
Küstenplätzen, die dem Sultan von Zanzibar an der
Somaliküste gehören; Peters war gezwungen diese Reise mit=
zumachen, die Landung war ihm überall untersagt, die
Engländer aber depeschirten nach Europa, die Somali
hätten Peters an der Landung behindert, und auf Grund
dieser Nachrichten erhielt das Deutsche Emin=Pascha=Comité,
wie bekannt, durch die officiösen Blätter den Rath, den
„Irrfahrten des Dr. Peters ein Ende zu machen" und die
Expedition aufzugeben!

Ein neuer Schlag der Engländer war die Konfiskation
eines Theiles der für die Expedition bestimmten Waffen.
Was würde wohl geschehen sein, wenn der deutsche Admiral
einer englischen Expedition die Waffen fortgenommen? Durch
diese Konfiskation wurde wiederum die Ausrüstung der

Expedition verzögert und vertheuert, schließlich gaben die Engländer wenigstens die Jagdwaffen der Expedition heraus und behielten hauptsächlich diejenigen Gewehre, die für Emin bestimmt waren — gewiß seltsam!*)

Die Expedition hatte sich einen Dampfer, die „Neera", gechartert, und Dr. Peters hatte für die Landung einen Platz ausgewählt, der nördlich von der Blokadezone liegt, wo die Engländer mithin in keiner Weise eingreifen konnten. Trotzdem berichten englische Depeschen von der Wegnahme der „Neera" durch englische Kriegsschiffe. Es ist nur an= zunehmen, daß die „Neera", nachdem sie die Expedition und deren Vorräthe gelandet, leer auf der Rückfahrt aufgegriffen ist, da die dem Emin=Pascha=Comité von Dr. Peters über= sandte Depesche nichts von der Wegnahme der „Neera" enthält, wohl aber die Mittheilung bringt, daß die Expe= dition landeinwärts marschirt, also im vollen Besitz ihrer Ausrüstung war. Die Engländer sind demnach diesmal zu spät gekommen, sie haben die „Neera", der sie vielleicht auflauerten, erst erwischt, als dieselbe die Expedition glücklich ans Ziel gebracht hatte. Mit welchem Recht das Schiff jetzt noch aufgebracht wurde, steht dahin; der eng= lische Eigenthümer des Schiffes mag sich darüber mit seiner Regierung auseinandersetzen, die deutsche Expedition kann dadurch nicht mehr gestört werden. Nach dem Voraus= gegangenen zweifeln wir nicht, daß die Engländer, wäre ihnen die „Neera" früher in die Hände gefallen, allem Völkerrecht zum Trotz die deutsche Expedition aufgefangen hätten Um so dankbarer sind wir dem Himmel, daß die deutsche Expedition vor einem solchen Schicksal bewahrt blieb. Die Engländer können derselben nun voraussichtlich keine weiteren Schwierigkeiten machen, unsere muthigen Landsleute haben fortan glücklicherweise nur noch mit un=

---

*) Auch diese wurden später zur Verfügung des deutschen Emin= Pascha=Comités nach Aden gesandt, die nach den deutschen Officiösen „vollkommen gerechtfertigte" Confiscation konnte von den Engländern also nicht aufrechterhalten werden. Die „Neera" wurde bekanntlich im Hafen von Lamu mit Beschlag belegt, obwohl englische Officiere bescheinigt hatten, daß sie weder Waffen noch Munition an Bord hatte.

civilisirten Völkern zu kämpfen, möge ihnen ihr Wagniß
gelingen und mögen sie wohlbehalten ins Vaterland zurück=
kehren, dem Ruhm und Nutzen zu bringen sie ihr Leben
einsetzen!

Der Aufruf des Deutschen Emin=Pascha= Comités.

(Deutsches Wochenblatt II. Jahrg. No. 33 v. 15. August 1889.)

Das Deutsche Emin=Pascha=Comité hat am 3. August
eine Sitzung in Berlin abgehalten und bei dieser Gelegen=
heit sich mit einem Aufruf an die Nation gewandt, der in
der Tagespresse vielfach eine durchaus falsche Auslegung
gefunden hat.

Zuerst wurde mit mehr oder minder Schadenfreude
festgestellt, der Erlaß des Aufrufes bedeute, daß die Mittel
des Emin=Pascha=Comité's erschöpft sind oder, wie man sich
geschmackvoll ausdrückte, daß „die gesammten 400 000 Mark
bereits verwirthschaftet sind."

Nachdem einige Tage hindurch die Zeitungen einander
diese Neuigkeit nachgedruckt, wurde daraus gefolgert, daß
Dr. Peters in Witu festsitze, weil er sich in Geldverlegen=
heit befinde. Daß Dr. Peters in Witu „festsitzt" ist über=
dies durch eine englisch=amerikanische Nachricht bestätigt,
Nachrichten aus solcher Quelle aber finden den unbedingten
Glauben des größten Theiles der deutschen Presse, während
Nachrichten deutschen Ursprungs stets mit unverhehltem
Mißtrauen aufgenommen werden.

Die Zeitungsleser haben überdies ein kurzes Gedächtniß.
Daß die meisten englischen Nachrichten über die deutsche
Emin=Pascha=Expedition sich hinterher als unwahr heraus=
stellten, und sich so eines Tages vielleicht auch zeigt, daß
Dr. Peters nicht in Witu „festsitzt", wird nicht weiter in

Erwägung gezogen.*) Dieselben Blätter, die einst genau
wußten, daß die deutsche Emin-Pascha-Expedition über=
haupt nicht das afrikanische Festland betreten könne, die
dann auf die englische Nachricht von den „Irrfahrten" des
Dr. Peters und seiner Absicht, nach der Delagoa-Bai zu
gehn, dem Deutschen Emin-Pascha-Comité den dringenden
Rath gaben, die Expedition aufzugeben, dieselben Blätter
glauben heut die zum hundertsten Mal aufgewärmte Tar=
taren-Nachricht von dem Anmarsch Stanley's und Emin=
Pascha's zur Zanzibar-Küste — eine Nachricht, die ge=
wöhnlich dann merkwürdigerweise aus Afrika nach Europa
zu gelangen pflegt, wenn den englischen Interessenten daran
liegt, den deutschen Bestrebungen zu Gunsten der Emin=
Pascha-Expedition entgegenzuarbeiten. Im vorliegenden
Fall ist es die englische Antwort auf den Aufruf des Emin=
Pascha-Comité, aber so plump auch die Sache ist — die
deutsche Presse fällt darauf hinein.

Was nun zunächst die Lage der Expedition in Afrika
betrifft, so geben die bis zum 27. Juni reichenden, in der
„Deutschen Kolonialztg." (No. 29) veröffentlichten Berichte von
Dr. Peters ein klares Bild über die Landung der Ex=
pedition und deren Ausrüstung in Witu. Der Umstand,
daß die Expedition sich im Innern befindet, höchstens mit
Lamu in Verbindung treten kann, wo kein Telegraph vor=
handen ist und daß die Verbindung zwischen Lamu und
Zanzibar eine sehr spärliche ist, erklärt es, daß wir den
Abmarsch der Expedition aus Witu erst 3—4 Wochen,
unter Umständen auch noch später, nachdem derselbe erfolgt
ist, hier erfahren werden. Die Landung der Expedition
wurde trotz der englischen Kriegsschiffe, die der Expedition
wegen nach der Mandabucht gegangen waren, erst nach
etwa drei Wochen in Europa bekannt.

Wir werden uns also gedulden müssen, von dem Ab=
marsch der Expedition Nachrichten zu erhalten und wir
werden, während die Expedition marschirt, voraussichtlich
längere Zeit garnichts von derselben hören. Es wird da=

---

*) Dr. Peters hatte am 25. Juli den Marsch von Witu ins
Innere angetreten.

durch wieder einen weiten Spielraum für englische Nach=
richten und deutsche Leichtgläubigkeit geben, nur daß zum
Glück beide der deutschen Expedition nichts mehr schaden
können.

Und auch die Hoffnung müssen wir zerstören, daß die
Mittel für die Expedition erschöpft sind und Dr. Peters
deshalb nicht weiter kann. Ganz im Gegentheil. Durch
den englischen Widerstand ist Dr. Peters gezwungen worden,
den Umfang der Expedition einzuschränken und so haben
sich die Ausgaben vermindert und eine theilweise Aus=
gleichung für die durch die Machenschaften der Engländer
hervorgerufenen Mehrkosten gegenüber dem Anschlag er=
geben. Dr. Peters befindet sich im Besitz reichlicher Geld=
mittel und das Deutsche Emin=Pascha=Comité hat keines=
wegs eine' leere Kasse, sondern ist im Besitz derjenigen
Beträge, welche zur Bestreitung der Expedition ausreichen.

Wenn trotzdem ein Aufruf zu neuen Geldsammlungen
erlassen ist, so geschah dies, weil das Deutsche Emin=
Pascha=Comité eine Verstärkung der Expedition durch
Nachschübe zur Sicherung der Verbindung mit der Expedition
sowie mit Emin=Pascha ins Auge faßte. Das Comité hatte
von vornherein 600 000 Mk. aufbringen wollen, es kehrt
nun zu seinen ursprünglichen Absichten zurück, wenn es ver=
sucht, die an dieser Summe fehlenden 200 000 Mk. jetzt
hereinzubringen. Aber der Inhalt des Aufrufes ist durch=
aus nicht auf den Ruf nach Geld beschränkt, es ist auf=
fallend, daß die politische Bedeutung des Aufrufes in der
Tagespresse' so wenig beachtet ist.

Das Deutsche Emin=Pascha=Comité umfaßt zweifellos
eine große Zahl hochansehnlicher und einflußreicher Persön=
lichkeiten, welche namentlich im Reichstage ein gewichtiges
Wort mitzusprechen haben. Wenn von einer solchen Seite
nachfolgende Sätze in einem officiellen Aufruf veröffentlicht
werden, so ist das ein politischer Akt von nicht zu unter=
schätzenden Tragweite. Es heißt in dem Aufruf:

„Aber während sonst Unternehmungen, die große humanitäre
Zwecke vor Augen haben, die Sympathie und die Unterstützung aller
Kulturvölker zu finden pflegen, ist die Deutsche Emin=Pascha=Expedition
von den Vertretern der englischen Macht in den Ostafrikanischen

Gewässern unter Mißbrauch des Blokaderechts in völkerrechtswidriger
Weise gehemmt und geschädigt worden.

Wegen dieses unerhörten Verfahrens haben wir uns beschwerde=
führend an die Kaiserliche Regierung gewandt, und wir zweifeln
nicht, daß dem deutschen Emin=Pascha=Unternehmen derjenige Schutz
des Reiches zu Theil werden wird, auf welchen jeder Deutsche dem
Ausland gegenüber Anspruch hat.

Wir hoffen und erwarten von dem Gerechtigkeitssinn der englischen
Regierung und des englischen Volkes, daß das Bekanntwerden der
Thatsache, wie die englischen Machtmittel in Ostafrika zu Gunsten
einer engherzigen kommerciellen Konkurrenz gegen das deutsche Emin=
Pascha=Unternehmen verwendet worden sind, die Wiederkehr ähnlicher,
das deutsche Nationalgefühl tief verletzender Vorgänge im Interesse
des freundschaftlichen Einvernehmens beider Nationen für die Zukunft
verhindern wird.

Der besonderen Energie des Führers der deutschen Emin=Pascha=
Expedition, des Herrn Dr. Karl Peters, ist es zu danken, daß das
Unternehmen nicht an dem englischen Widerstande gescheitert ist. Für
uns in Deutschland aber wird es jetzt mehr als je zur nationalen
Ehrenpflicht, die Vollendung des patriotischen Werks zu sichern, an
dem unsere Landsleute draußen, allen möglichen Gefahren ausgesetzt,
mit voller Hingebung arbeiten."

In diesen Sätzen ist eine schwere Anklage erhoben
und die Stelle von der sie ausgeht, bürgt dafür, daß
diese Anklage eine wohl begründete ist. Wir sind weit
entfernt davon in diesem Augenblick, wo der Besuch des
Deutschen Kaisers unsere Freundschaft zu England so er=
freulich befestigte, irgend etwas zu thun, was dieses für
den Weltfrieden so nothwendige Einvernehmen der beiden
Nationen stören könnte. Aber wir meinen, daß gerade
unter solchen Umständen die öffentliche Meinung Englands
mit uns den Wunsch hegen muß, jenen Mißständen ein
Ende zu machen, die von Ostafrika her beständig eine
Quelle der Erregung gegen England für die deutsche
Nation abgeben.

Es ist nicht englische Politik, es ist die Politik einer
kleinen englisch=afrikanischen Gesellschaft, die in Zanzibar
getrieben wird. Diese Gesellschaft sieht in der deutschen
Emin=Pascha=Expedition eine Geschäfts=Concurrenz und be=
kämpft sie deshalb mit allen Mitteln, auch mit den Mitteln
des britischen Reichs. Das große britische Reich aber
sollte statt dessen den kühnen deutschen Männern, welche zu
Emin=Pascha dringen wollen, seine Sympathie zuwenden
und nicht dulden, daß die Macht Englands von einer

Handvoll Interessenten gemißbraucht wird. Es wird Sache
der Diplomatie sein, festzustellen, ob die englischen Macht=
haber in Ostafrika das Blokaderecht gemißbraucht und
völkerrechtswidrig verfahren sind. Die Freigabe der „Neera"
spricht dafür, nur ist die Freigabe nicht als genügende
Sühne zu betrachten. Der deutschen Emin=Pascha=Expedition
sind die schwersten Verluste an Geld und Zeit durch den
englischen Widerstand erstanden, sie hat im Umfang und
an Machtmitteln erheblich vermindert werden müssen, um
überhaupt durchgeführt werden zu können. Der vollste
Schadenersatz hierfür, die entsprechende Bestrafung der=
jenigen, welche deutsche Rechte verletzten, ist eine Forderung,
auf deren Erfüllung wir unbedingt rechnen. Es handelt
sich hierbei nicht um die Emin=Pascha=Sache, sondern um
eine nationale Frage ganz allgemeiner Art. Dr. Peters
ist Deutscher, und als solchen dürfte der englische Admiral
ihn nicht außerhalb des Gesetzes stellen. Uebertrat Peters
das Gesetz, so konnte man von Rechts wegen gegen ihn
einschreiten, aber sonst war er als deutscher Bürger zu
respectiren. Ebenso konnte England verbieten, daß die
deutsche Emin=Pascha=Expedition englisches Gebiet durch=
ziehe, die Verhinderung der Landung der Somali und
später des Dr. Peters in Lamu, die Wegnahme der „Neera"
sind einfach völkerrechtswidrige Gewaltthaten, für welche
Genugthuung gegeben werden muß. Wie die englische
Nation für das Recht jedes im Auslande gekränkten Eng=
länders eintritt, so muß sie auch uns beipflichten, wenn
wir Unrecht gegen unsere Landsleute nicht dulden. Je
energischer wir dies thun, um so mehr verhindern wir für
die Zukunft ähnliche Vorkommnisse, das aber liegt im Interesse
beider Nationen, und deshalb sollten die Engländer un=
befangen prüfen, ob die von dem deutschen Emin=Pascha=
Comité gegen ihre ostafrikanischen Beamten erhobenen Vor=
würfe zutreffen. Das wird der sicherste Weg sein, die
öffentliche Meinung Deutschlands zu befriedigen.

Die Norddeutsche Allgemeine Zeitung und die Deutsche Emin=Pascha=Expedition.

(Deutsches Wochenblatt II. Jahrg. No. 34 v. 22. August 1889.)

Es ist noch niemals bisher eine Auslassung der „Nordd. Allg. Ztg.", welche als officiös galt, auf einen so allgemeinen und so heftigen Widerspruch bei den selbständigen Organen der Kartellparteien gestoßen, wie die Ausführungen des genannten Blattes über die Deutsche Emin=Pascha=Expedition. Von der „Conservativen Correspondenz" bis zur „National=zeitung" und „Kölnischen Zeitung" haben zu unserer größten Genugthuung die maßgebenden Stimmen der nationalen Parteien sich gleich kräftig gegen die „Nordd. Allg. Ztg." ausgesprochen. Andererseits hat die „Nordd. Allg. Ztg." allerdings den uneingeschränkten lauten Beifall der gesammten deutschfreisinnigen Presse gefunden. Es ist in der That ein so bemerkenswerthes Ereigniß, daß das Organ des Abgeordneten Eugen Richter seine volle Zustimmung zu den Ansichten ausspricht, welche von dem Blatt vertreten werden, dessen Artikel überhaupt nur deshalb Beachtung finden, weil man in ihnen die Ansichten des Kanzlers zu finden glaubt, daß wir zunächst hier die Ausführungen der „Nordd. Allg. Ztg." und der „Freisinnigen Zeitung" nach=einander zum Abdruck bringen wollen. Uns kam dabei die bekannte Aeußerung des Fürsten Bismarck ins Ge=dächtniß, daß er immer besorgt sei, dem Lande Schaden zuzufügen, wenn er auf der freisinnigen Seite Beifall finde.

Die „Nordd. Allg. Ztg." schreibt:

„Auf der Tagesordnung des Meetings, welches von der Deutschen Kolonial=Gesellschaft, Abtheilung Berlin, auf den 8. d. M. einberufen wurde, war neben Erörterungen über das Vorgehen englischer Handelskompagnien und englischer Privatpersonen in Mittel=, Süd= und Ostafrika auch ein Vortrag über „Deutschlands Verpflichtung gegen Emin=Pascha" angekündigt.

Bei der Persönlichkeit des Herrn, welchem das bezügliche Referat übertragen war, haben wir die Ueberzeugung, daß die Angelegenheit in durchaus sachlicher Form behandelt worden wäre. Etwaige Entrüstungsbezeugungen hätten sich im vorligenden Falle nicht gegen englische Privatpersonen und Gesellschaften, sondern gegen englische Beamte und Behörden richten müssen. Daß dies politisch unerwünscht sein würde, liegt auf der Hand. Sofern jenen Beamten und Behörden in der That ein Vorwurf wegen ihres Vorgehens gegen das von Dr. Peters geleitete Unternehmen zu machen ist, können wir die volle Zuversicht haben, daß die englische Regierung die erforderliche Remedur wird eintreten lassen. Oeffentliche Agitationen tragen aber zur Förderung der Sache nicht bei, sie sind lediglich geeignet, die Schwierigkeiten zu erhöhen und Verstimmungen herbeizuführen.

Was die deutsche Emin-Pascha-Expedition betrifft, so ist wohl zu beachten, daß die Kaiserliche Regierung darüber, ob sie die geplante Ausführung des Unternehmens für opportun erachte, nicht befragt worden ist. Wäre das geschehen, so würde dem Emin-Pascha-Comité rechtzeitig gesagt worden sein, daß derselben gewichtige Bedenken entgegenstehen.

Dadurch insbesondere, daß die Expedition zu einer Zeit entsandt wurde, in welcher bereits beruhigende Nachrichten über das Schicksal Emins vorlagen, ist der Verdacht erregt worden, daß dieselbe weniger philantropische als politische Zwecke verfolge. Sollten in der That solche Ziele ins Auge gefaßt und Maßnahmen beabsichtigt sein, welche als Eingriffe in die von uns anerkannte englische Interessensphäre betrachtet werden könnten, so wäre dies zu beklagen. Die bestehende Freundschaft mit England ist für uns von größerem Werthe, als Alles, was die Expedition am oberen Nil im günstigsten Falle erreichen könnte.

Beabsichtigt die Expedition Anknüpfung von Handelsbeziehungen außerhalb der deutschen Interessensphäre, so hat sie dazu eine Unterstützung vom Reiche oder das Einverständniß der Regierung nicht nachgesucht und nicht zugesagt erhalten. Sie muß daher die Gefahr ihres Privatunternehmens selbst tragen. Will die Expedition auf eigene Hand Annectirungen im Sudan vornehmen, dann ist ihr Unternehmen von fraglicher Berechtigung, wenn es auch nach unseren Gesetzen nicht verfolgt werden kann. Sollte Herr Peters die Absicht haben, mit seinen Waffen oder mit Hülfe Emin Paschas dem türkisch-egyptischen Reiche eine Provinz zu entreißen, die demselben nach den Verträgen gehört, so wäre das ein Unternehmen, welches der Rechtspflege der Staaten unterläge, gegen die es gerichtet wäre."

Hierzu bemerkt die „Freisinnige Zeitung":

„An Deutlichkeit gegenüber den Kolonialbrüdern läßt der Artikel der „Norddeutschen Allgemeinen Zeitung" nichts zu wünschen übrig. Es erscheint nunmehr fraglich, ob die auf den 17. d. M. verschobene Entrüstungsversammlung überhaupt abgehalten werden wird. Wir können uns mit dem Inhalt der Ausführungen der „Norddeutschen Allgemeinen Zeitung" ausnahmsweise vollkommen einverstanden erklären und bedauern nur, daß diese Auslassungen so spät erscheinen, während es doch sehr angebracht gewesen wäre, dieselben vor Abgang der Peters'schen Expedition der Oeffentlichkeit zu übergeben, damit diejenigen, welche Geld zu der Expedition beigesteuert haben, hätten vor Schaden bewahrt

werden können. Im übrigen hat die „Norddeutsche Allgemeine
Zeitung" über den Werth von Entrüstungskundgebungen nicht immer
so richtig geurtheilt als in diesem Falle. Sie sagt: „Oeffentliche
Agitationen tragen aber zur Förderung der Sache nicht bei, sie sind
lediglich geeignet, die Schwierigkeiten zu erhöhen und Verstimmungen
herbeizuführen." Es hat aber bekanntlich bei uns wiederholt Zeiten
gegeben, in denen von den Officiösen direct zu Entrüstungs=
kundgebungen aufgefordert wurde. . Allerdings handelte es sich da=
bei nicht um Kundgebungen gegen die Regierung, sondern um Kund=
gebungen zu Gunsten des Reichskanzlers, so beispielsweise nach der
Ablehnung des dritten Directors durch den Reichstag und in der
Battenbergfrage. Man wird gut thun, sich das obige Urtheil der
„Norddeutschen Allgemeinen Zeitung" über den Werth von Ent=
rüstungskundgebungen zu merken für den Fall, daß die „Norddeutsche
Allgemeine Zeitung" und ihre Hintermänner wieder einmal das
Bedürfniß fühlen sollten, bei der ersten besten Gelegenheit Entrüstungs=
versammlungen in Scene zu setzen."

Wenn wir uns auf den Standpunkt des deutsch=
freisinnigen Blattes stellen, so finden wir nicht nur die
Zustimmung, welche die „Norbd. Allg. Ztg." „ausnahms=
weise" findet, sondern auch die sonstigen Bemerkungen des
Richter'schen Organs durchaus berechtigt. Wenn man eine
starke nationale Strömung in dieser Weise vor den Kopf
stößt, darf man später nicht erwarten, im gewünschten
Augenblick sich derselben einmal wieder bedienen zu können.
Ganz abgesehen von allen sachlichen Erwägungen, ergiebt
sich schon hieraus, welch' eine politische Kurzsichtigkeit,
welch' geradezu unverzeihlichen Fehler jener Artikel der
„Norbd. Allg. Ztg." enthält.

In allen Kreisen, wo man ein Herz für die deutsche
Kolonialbewegung hat, ist man mit Begeisterung für das
deutsche Emin=Pascha=Unternehmen eingetreten, die Führer
der drei nationalen Parteien gehören dem Deutschen Emin=
Pascha=Comité an, ein Zusammenbruch dieses Unternehmens
bedeutete eine schwere Niederlage der deutschen Kolonial=
bewegung, durch welche den drei nationalen Parteien un=
bedingt Abbruch geschehen und den kolonialfeindlichen
Parteien, also insbesondere den deutschfreisinnigen Gegnern
des Fürsten Bismarck, ein Triumph bereitet wird.

In klarer und richtiger Erkenntniß hiervon schreibt die
„Nation", das Organ des deutschfreisinnigen Manchester=
mannes und Reichstagsabgeordneten Dr. Barth:

„Die Kolonialpolitik war bei uns von Anfang an ziemlich eng

verknüpft mit Erwägungen der inneren Politik. Der koloniale
Enthusiasmus wurde bei den Wahlen von 1884 nicht ohne äußeren
Erfolg gegen die freisinnige Vernunft ins Feld geführt. Damit ist
es nun fürderhin nichts mehr. Wir Freisinnigen legen heute Werth
darauf zu constatiren, daß wir von Anfang an die entschiedensten
Gegner der Kolonialpolitik gewesen sind und auch für die Wißmann=
Expedition „keinen Mann und keinen Groschen" bewilligt haben."

Heute stehen wir wiederum nahe vor den allgemeinen
Wahlen, in einer solchen Zeit den kolonialen Enthusiasmus,
dessen Gefährlichkeit für die deutschfreisinnige Partei hier
vom Gegner selbst bescheinigt wird, abzutödten statt neu
zu beleben, das ist eine uns unverständliche Politik.

Gehen wir nun aber auf den sachlichen Inhalt der
Ausführungen der „Nordd. Allg. Ztg." näher ein. Die=
selbe wendet sich zunächst gegen die beabsichtigte, inzwischen
in würdigster Weise verlaufene Protestversammlung ——
(Meeting sagt bezeichnender Weise die „N. A. Z.") der Ab=
theilung Berlin der Deutschen Kolonialgesellschaft — als ob
irgendwelche Gründe der Politik im Stande wären, dem
verletzten Rechtsbewußtsein Schweigen aufzuerlegen. Im
Gegentheil. Indem die öffentliche Meinung Deutschlands
nachdrücklichst jede Unbill, die Deutschen widerfährt, zurück=
weist, erstarkt das Nationalbewußtsein, dessen Fehlen wir
so oft bitter beklagen. Nichtswürdig ist die Nation, die
nicht ihr Alles setzt an ihre Ehre, und wir sollten, um
politischer Gründe willen freche Uebergriffe von Ausländern
Deutschen gegenüber ruhig hinnehmen!

Wir sind von dem hohen Werth der Freundschaft Eng=
lands für Deutschland überzeugt und wir würden bereit sein,
den Engländern gegen Zugeständnisse in der europäischen
Politik auch unsererseits jenseits der Meere soweit als möglich
entgegenzukommen, aber so wenig wir es uns gefallen lassen,
daß ein Engländer in Deutschland unsere Gesetze übertritt, so
wenig dürfen Engländer in fernen Welttheilen das Völker=
recht Deutschen gegenüber verletzen. Geschieht das, so
müssen wir Genugthuung fordern. Wir sind gewiß, daß
das auch der Standpunkt der Reichsregierung sein muß
und daß diese deshalb in ihren Verhandlungen England
gegenüber nur gestärkt werden kann durch Proteste der
deutschen Bevölkerung — wie andrerseits Ansichten ähnlich
jenen der „Nordd. Allg. Ztg." und von dieser Stelle aus=

gesprochen, die Engländer nur darin bestärken können, deutsche
Rechte auch künftig zu verletzen und uns gebührende Ge=
nugthuung zu versagen. Nicht Protest=Versammlungen
patriotischer Bürger, sondern die unerhörten Ungeschicklich=
keiten der officiösen Presse sind demnach in Wahrheit
„politisch unerwünscht" und geeignet, das gute Einver=
nehmen zwischen Deutschland und England zu stören.

Allein wenn die „Nordd. Allg. Ztg." sich nur darauf be=
schränkt hätte, die Protestversammlung zu tadeln, so würden
wir hierfür vielleicht Erklärungsgründe gefunden haben.
Das Blatt benutzt aber diese Gelegenheit, um über die
deutsche Emin=Pascha=Expedition in einer Art abzuurtheilen,
welche Befremden und Empörung zugleich hervorruft. In
der Erklärung, welche seitens des Emin=Pascha=Comité's
an die Presse versendet wurde, ist bereits darauf hin=
gewiesen, daß die Auslassungen der „Nordd. Allg. Ztg."
ohne Kenntniß der Akten geschrieben sind und deshalb nicht
von einer amtlichen Stelle ausgehen können. Wir möchten
wünschen, daß hierfür sich recht bald eine Bestätigung findet
und dadurch Beruhigung für weite, außerordentlich erregte
Kreise eintritt. Die Regierung wird voraussichtlich sehr
bald mit neuen Forderungen für die ostafrikanischen Kolonien
vor den Reichstag treten, sie dürfte dann Schwierigkeiten
nicht nur bei den Kolonialfeinden finden, die Freunde der
Kolonialpolitik, welche ein officiöses Blatt in dieser Weise
beleidigen und blosstellen darf, werden gewiß auch nicht mehr
mit derselben Freudigkeit wie früher für Regierungs=
forderungen eintreten können, mindestens werden sie fordern
müssen, daß man, wie die „Nationalzeitung" sagt, an der=
jenigen Stelle, „wo man die ressortmäßige Aufgabe hat,
Kolonialpolitik zu treiben, nicht Antikolonialpolitik treibt."

Aus wiederholten Kundgebungen des Emin=Pascha=
Comité ist bekannt, daß Seine Majestät der Kaiser dem
Unternehmen seine wärmsten Sympathien ausgedrückt, und daß
Seine Durchlaucht der Herr Reichskanzler dasselbe als patrio=
tisch anerkannt habe. Die maßgebenden Stellen sind demnach
befragt und haben sich geäußert. Trat in den Anschauungen
der Regierung eine Aenderung ein, so mußte sie hiervon
das Comité benachrichtigen, die Namen der Männer, die
dem Comité angehören, bürgen dafür, daß die Expedition

nicht zur Ausführung gelangt wäre, wenn die Regierung mitgetheilt hätte, daß derselben wichtige politische Bedenken entgegenstehen. Den weiteren Ausführungen der „Norbd. Allg. Ztg." tritt das Emin=Pascha=Comité wie folgt gegenüber:

„Das Deutsche Emin=Pascha=Comité hat bisher alle Nachrichten über Emin=Pascha als unglaubwürdig betrachtet und sich weder durch dessen angebliche Gefangennahme, noch durch die veröffent= lichten Schilderungen Stanley's, noch durch Gerüchte von dem An= marsch Emins zur Ostküste irgendwie beeinflussen lassen. Niemand, der die Verhältnisse kennt, kann, wie die „Norddeutsche Allgemeine Zeitung" annimmt, über die Lage Emins beruhigt sein.

Die englische Interessensphäre ist durch den Tana begrenzt. Jenseits des Tana haben die Deutschen dieselben Rechte wie die Engländer. Das Operationsfeld der deutschen Emin=Pascha=Expedition ist außerhalb der englischen Interessensphäre. Die weiten Gebiete jenseits des Tana und am oberen Nil für englische Interessen= sphäre zu erklären, wie dies in der „Norddeutschen Allgemeinen Zeitung" der Fall zu sein scheint, bedeutet eine Preisgabe deutscher Interessen, welche wiederum unmöglich von einer amtlichen Stelle ausgehen könnte.

Die deutsche Expedition macht keinen Anspruch auf Schutz der Regierung bei ihrem Vorgehen im Innern und trägt dort die Ge= fahr selbst. So lange die Expedition aber mit europäischen Mächten in Verbindung stand, hatte sie die unveräußerlichen Rechte deutscher Bürger zweifellos in Anspruch zu nehmen und mußte sie von der Reichsregierung in der Weise geschützt werden, wie die Personen und das Eigenthum aller Deutschen überall zu schützen sind.

Die gehässigen Bemerkungen über die Person und die politischen Absichten des Führers der deutschen Emin=Pascha=Expedition, Dr. Karl Peters, stellen sich als eine Denunciation eines Deutschen dem Aus= lande gegenüber dar, was wiederum den Ursprung des Aufsatzes der „Norddeutschen Allgemeinen Zeitung" aus amtlichen Quellen ausschließt."

Wir wollen noch aus der ausgezeichneten Rede, welche von Professor Schweinfurth auf der Protest= versammlung gehalten wurde, eine Aeußerung über Dr. Peters folgen lassen:

„Die reine Begeisterung, mit welcher das Deutsche Emin=Pascha= Unternehmen ins Leben gerufen wurde, findet jetzt ihren thatkräftigen Wiederhall in dem heroischen Auftreten des Führers, Dr. Peters, derselbe, ohne welchen die deutsche Nation schwerlich je in den Besitz von Ostafrika gelangt sein würde. Niemand wird Dr. Peters Be= richte lesen, ohne mit Bewunderung für diesen wackeren Vorkämpfer für Deutschlands Ehre erfüllt zu werden."

Diese Worte eines Mannes von dem europäischen Ruf,

den Georg Schweinfurth als Afrika=Kenner besitzt, sollten endlich jener widerwärtigen Verhetzung gegen Dr. Peters ein Ende machen, zu der sich neben der kolonialfeindlichen Presse ein Theil der officiösen Zeitungen hergeben.

Die vorstehenden Ausführungen waren bereits gedruckt, als der zweite Artikel der „Norbb. Allg. Ztg." erschien, der in der Sprache und Ausdrucksweise offenbar eine höhere Ursprungsstelle erkennen läßt, als jene ersten Aus= führungen des officiösen Blattes.

Um so auffallender ist es aber, daß auch dieser Artikel auf offenbaren und nachweisbaren Irrthümern beruht.

Die „Norbb. Allg. Ztg." entgegnet auf den Vorwurf, „daß die Regierung ihre Stellung zu der Emin=Pascha= Expedition geändert habe":

„Wenn das wahr wäre, so würde es sich immer nur fragen, ob die Umstände sich derart geändert haben, daß die Regierung im Interesse des Reiches Anlaß gefunden hätte, ihr angebliches Wohl= wollen für die Expedition größeren Reichsinteressen gegenüber zurück= treten zu lassen. Ob und wie weit dies der Fall ist, darüber werden unsere Kritiker noch weniger unterrichtet sein wie wir. Außerdem bekannt ist aber, daß inzwischen die Leitung des Unternehmens aus den Händen des Herrn Wißmann in diejenigen des Herrn Peters überging. Eine immerhin sehr wesentliche Aenderung, da das Ver= trauen zu erfolgreicher und geschickter Durchführung des Unternehmens wesentlich durch die Eigenschaften des Leiters bedingt wird. Wir sind in der Lage, weiter unten das Schreiben mitzutheilen, auf dessen Inhalt sich die Voraussetzung des kanzlerischen Wohlwollens für die Wißmann'sche Expedition stützt."

Die „Norbb. Allg. Ztg." theilt schließlich den Brief mit, (der übrigens, was die „Norbb. Allg. Ztg." gar nicht mehr zu wissen scheint, schon früher von ihr selbst ver= öffentlicht war), „welchen der Reichskanzler seiner Zeit an das Comité für die Emin=Pascha=Expedition, an dessen Spitze damals Herr Wißmann stand, gerichtet hat."

Es steht nun fest, daß diese Darstellung irrthümlich ist. Von Anfang an hat Dr. Carl Peters an der Spitze des deutschen Emin=Pascha=Unternehmens gestanden. Als das Deutsche Emin=Pascha=Comité sich bildete, weilte Wißmann noch in Madeira und Peters wurde bei der

Begründung des provisorischen Comité's dessen Vorsitzender. Schon damals wurde Peters für die Leitung der Expedition bestimmt, da diejenigen, welche durch ihre großen Geld= zeichnungen das Zustandekommen der Expedition haupt= sächlich ermöglicht, dies gerade im Hinblick auf die Führung der Expedition durch Dr. Peters thaten.

Als dann später Wißmann in Berlin erschien und seine Dienste dem unter Vorsitz von Dr. Peters bestehenden Comité anbot, war dieses hocherfreut, eine so ausgezeichnete Kraft für das Unternehmen zu gewinnen. Aber niemals ist Wißmann „an die Spitze" des Unternehmens getreten, niemals war die Rede davon, daß er und nicht Peters die Expedition führen sollte, eine gemeinsame Führung war vielmehr ins Auge gefaßt und eine Vereinbarung hierüber sowohl mit Dr. Peters wie mit Hauptmann Wißmann abgeschlossen, als der letztere in den Reichsdienst berufen wurde, für welchen Fall er sich die Entbindung von seinen Pflichten gegenüber dem Emin=Pascha=Comité ausdrücklich ausgemacht hatte. Das Comité hat das außerordentlich bedauert, aber nicht verkennen können, daß Hauptmann Wißmann eine so viel größere und wichtigere Aufgabe wie die des Reichskommissars für Ostafrika unmöglich von sich weisen darf.

Bald nach seiner Ankunft in Berlin wurde Wißmann durch Zuwahl in den geschäftsführenden Ausschuß des Emin=Pascha=Comité aufgenommen, dessen Vorsitz Dr. Peters behielt. Die Eingabe an den Herrn Reichskanzler vom 20. Juli 1888 wurde von Wißmann wie von anderen Mitgliedern des Ausschusses, darunter Dr. Peters als Vorsitzender, unterzeichnet. Von einer Führung der Expe= dition durch Wißmann war darin nicht die Rede. Warum die Antwort des Herrn Reichskanzler an Herrn Wißmann und nicht an den Vorsitzenden Dr. Peters gerichtet war, wissen wir nicht.

Am 12. September fand dann die endgültige Ein= setzung des Deutschen Emin=Pascha=Comité's in Wiesbaden statt und auf Vorschlag Seiner Durchlaucht des Fürsten Hohenlohe=Langenburg wurde Herr Dr. Peters zum ersten Vorsitzenden gewählt. Gleichzeitig wurde im Ausschuß fest=

---

gestellt, daß Dr. Peters das Obercommando der Expedition führe. Zwischen Peters, Wißmann und dem Ausschuß erfolgte, wie bereits gesagt, eine Verständigung über die Ausführung der Expedition, deren Aufgaben zwischen Wißmann und Peters getheilt wurden.

Aus dieser Darstellung, die aktenmäßig nach jeder Richtung hin belegt werden kann, geht hervor, daß Peters von Anfang an an der Spitze des Emin-Pascha-Unternehmens stand, daß er anfangs allein, später gemeinsam mit Wißmann die Expedition führen sollte, daß mithin die Leitung des Unternehmens niemals aus den Händen Wißmanns in diejenigen von Peters überging, daß niemals von einer allein von Wißmann durchzuführenden Expedition die Rede war und daß Wißmann nie an der Spitze des Emin-Pascha-Comités gestanden hat, daß demnach alle Angaben der „Nordd. Allg. Ztg." hierüber falsch sind und auf thatsächlich falschen Voraussetzungen beruhen. Seit dem 15. August vorigen Jahres hat sich nichts weiter in den Personal-Verhältnissen des Emin-Pascha-Comité geändert, als daß die nicht von Anfang an, aber zeitweise beabsichtigte gemeinsame Ausführung der Expedition durch Wißmann und Peters, durch die Berufung von Wißmann in den Reichsdienst wieder zu einer einheitlichen Expedition unter Führung von Peters wurde, wie diese bereits im Frühjahr 1888 beabsichtigt war. Hieraus ergiebt sich, daß die persönlichen Beziehungen, wie sie sich hiernach gestaltet haben, nicht den Anlaß zu einer Aenderung der Stellung habe abgeben können, welche der Herr Reichskanzler dem Emin-Pascha-Unternehmen gegenüber eingenommen hat.

Das ganze Gebahren der „Nordd. Allg. Ztg." weist darauf hin, daß die kolonialen Angelegenheiten im Auswärtigen Amt nicht mit derselben Sicherheit und Festigkeit gehandhabt werden, die man sonst in den Geschäften unseres Auswärtigen Amtes wahrzunehmen gewohnt ist. Es ist dies im letzten Grunde darauf zurückzuführen, daß unsere Kolonialpolitik keine organische Vertretung innerhalb des Auswärtigen Amtes besitzt. Die Kolonialinteressen treten hinter den je nach Lage der Dinge wechselnden Anforderungen des diplomatischen Dienstes zu sehr zurück. Eine stetige und zielbewußte Führung unserer Kolonial-

politik wird erst dann möglich sein, wenn eine koloniale
Abtheilung im Auswärtigen Amt eingerichtet und an deren
Spitze Persönlichkeiten gestellt werden, die nicht nur die
nöthige Kenntniß und Erfahrung, sondern auch ein warmes
Herz für die kolonialen Bestrebungen haben.

Der Streit um die deutsche Emin-Pascha-Expedition.

(Deutsches Wochenblatt II. Jahrg. No. 35 v. 29. August 1889.)

Der Streit um die deutsche Emin-Pascha-Expedition
hat einen Umfang und eine politische Bedeutung gewonnen,
die sicherlich von der „Norbb. Allg. Ztg." nicht voraus=
gesehen worden sind. Nicht nur das Emin=Pascha=Unter=
nehmen und die deutsche Kolonialbewegung sind empfindlich
geschädigt, sondern es ist hierüber hinaus in weite, national=
gesinnte und patriotische Kreise eine Erregung und Er=
bitterung getragen worden, die politisch, namentlich ange=
sichts bevorstehender Reichstagswahlen, schwer ins Gewicht
fällt. Wir lassen dahingestellt, ob das nöthig war und
können uns dem -Wunsche der „Post" nur anschließen,
„daß die Streitart bald thunlichst begraben werde." Es
wäre freilich besser gewesen, man hätte diese Streitart
überhaupt nicht hervorgeholt.

Ein Umstand indessen zwingt uns, nochmals das Wort
zu ergreifen. Wir halten es für nothwendig, den That=
bestand klar zu stellen, um so mehr, als auch die neusten
Auslassungen der „Norbb. Allg. Ztg." auf thatsächlich
irrigen Voraussetzungen beruhen. Gerade weil diese Aus=
lassungen für officiös gelten, ist es um so mehr Pflicht,
festzustellen, daß sie der Wahrheit nicht entsprechen. Da
von einer amtlichen Stelle unter keinen Umständen in be=
wußter Weise falsche Angaben gemacht werden können, so
folgt aus dieser Feststellung, daß entweder die „Norbb.

Allg. Ztg." nicht officiös inspirirt war — dann hätte zur
Beruhigung der öffentlichen Meinung das ausgesprochen
werden müssen — oder daß die amtliche Stelle, von welcher
diese Auslassungen ausgingen, schlecht unterrichtet ist, über
diejenigen Unternehmungen, über welche sie im Namen
der Regierung öffentlich das Wort führt — in diesem
Fall werden wir demnach einer sehr ernsten und beachtenswerthen Thatsache gegenüberstehen.

Die „Nordd. Allg. Ztg." hatte zuerst behauptet, die
Sympathien der Regierung für das Emin=Pascha=Unter=
nehmen hätten solange gedauert, als Wißmann an der
Spitze des Comités stand und die Expedition führen sollte.
Wir haben bereits nachgewiesen, daß Wißmann niemals
an der Spitze des Comités stand und daß Peters immer
für die Führung der Expedition in Aussicht war, während,
nur zeitweise Wißmann neben Peters die Ausführung der
Expedition übernommen hatte.

Wir wollen nach dieser Richtung hin noch einen be=
sonders beachtenswerthen Umstand hervorheben. Die Ein=
gabe des Ausschusses des Deutschen Emin=Pascha=Comités
an den Fürsten Bismarck war vom 20. Juli, die Antwort
des Herrn Reichskanzler vom 15. August. Damals aber
war es überhaupt noch äußerst zweifelhaft, ob Wißmann
für die Emin=Pascha=Expedition gewonnen werden könnte,
denn gerade um diese Zeit berief der König der Belgier
Herrn Wißmann zu sich und übertrug ihm eine Mission
nach Egypten. Als Wißmann etwa Mitte August nach
Egypten abreiste, konnte er über die Dauer seiner Mission
keine Angaben machen. Es wurde damals in den Kreisen
des Emin=Pascha=Comités befürchtet, daß Wißmann dauernd
vom Könige der Belgier gefesselt würde, Anerbietungen
nach dieser Richtung sind, wie wir glauben, auch an Wiß=
mann herangetreten. Wenn dieselben von Wißmann ab=
gelehnt wurden, so ist das wohl nur dem begreiflichen
Wunsche desselben zu danken gewesen, seine Kraft in den
Dienst vaterländischer Unternehmungen zu stellen. Erst als
Wißmann am 10. September direkt aus Egypten zur
Sitzung des Emin=Pascha=Comités in Wiesbaden erschien
und hier am 12. September die nicht ganz leichte Frage
der Theilung der Führung zwischen Peters und ihm zu

einer vorläufigen, später aber vertragsmäßig durchgeführten
Lösung kam, konnte ernstlich von der Betheiligung Wiß=
manns an der Emin=Pascha=Expedition gesprochen werden,
am 15. August aber, als der veröffentlichte Brief des
Herrn Reichskanzlers geschrieben wurde, war Dr. Peters
Vorsitzender des Comités und war Dr. Peters allein für
die Führung der Expedition in Aussicht genommen.

Wir wollen zur Bestätigung dessen auch ein Zeugniß
von Wißmann selbst anführen. Dieser veröffentlichte am
27. September 1888 im „Deutschen Wochenblatte" (Jahrg.
I. No. 27) einen Aufsatz: „Die Bedeutung der deutschen
Emin Pascha=Expedition für die Erschließung von Afrika,"
in welchem es hieß:

„Als die Aussichten für die volle Lösung der Aufgabe, die sich
Stanley gestellt hatte, immer hoffnungsloser wurden, kehrte ich von
Madeira, wo ich zur Wiederherstellung meiner Gesundheit mich auf=
hielt und der Bearbeitung meiner Tagebücher oblag, nach Deutsch=
land zurück mit der Absicht, eine deutsche Hülfsexpedition für Emin
Pascha in Anregung zu bringen. Zu meiner Genugthuung fand ich
schon ein Comité unter Vorsitz des Dr. Karl Peters damit beschäftigt,
ein gleiches Unternehmen ins Leben zu rufen, und stellte ich meine
neunjährige Erfahrung in vielen Theilen Afrikas zur Verfügung.
Jn einer Audienz, die mir Sr. Majestät der Kaiser allergnädigst
gewährte, fand ich bei Allerhöchstdemselben das eingehendste Interesse
für ein deutsches Unternehmen zur Unterstützung Emin Paschas,
eines Landsmannes, der in der schwierigsten Lage sich schon lange
Jahre behauptet. Im Auftrage des Königs der Belgier führte ich
dann eine kurze Reise nach Aegypten aus, die auch im Zusammen=
hang mit Emin Pascha stand, und kehrte noch früh genug nach
Deutschland zurück, um auf Wunsch des Comités an dem geplanten
Unternehmen mitzuarbeiten.
Es gelang, einen Modus zu finden, nach welchem Dr. Karl
Peters, der dem Unternehmen schon Lebensfähigkeit geschaffen hatte,
und ich in die Führung der geplanten Expedition uns theilen konnten,
derart, daß die Garantie für das Gelingen eine größere ward."

Wir glauben damit unwiderleglich dargethan zu
haben, daß die Behauptungen der „Nordd. Allg. Ztg.",
daß ein Wechsel in der Leitung des Emin=Pascha=Unter=
nehmens eingetreten sei und Wißmann an der Spitze des=
selben gestanden habe, auf Irrthum beruhten.

Jn sehr merkwürdigem Gegensatz zu den Ausführungen
der „Nordd. Allg. Ztg." hierüber steht übrigens auch der
frühere, von der „Nordd. Allg. Ztg." abgedruckte Artikel

der zur Liquidation des Emin=Pascha=Unternehmens auf= fordern sollte und sehr wahrscheinlich derselben Quelle ent= stammt, wie die jetzigen Auslassungen der „Nordd. Allg. Ztg." Es scheint uns sehr zeitgemäß, diesen für officiös geltenden Artikel jetzt wieder in Erinnerung zu bringen*).

Man beachte, daß damals „das Unternehmen von Dr. Peters" die „volle Sympathie" gehabt hatte, von einer Aenderung also, die durch den Rücktritt Wißmanns veranlaßt wurde, keine Rede war. Die „Sympathie" dauerte bis durch „ein glückliches Zusammentreffen von Umständen" „die Veranlassung zu seiner Fortsetzung ver= schwand." Auf Grund englischer Depeschen, deren Werth heut „jeder Zeitungsleser" kennt, wird mit vollstem Ernst von der „Irrfahrt des Dr. Peters, von den Landungsversuchen bei den Somalis" gesprochen. Die Waffenconfiscation in Zanzibar durch die Engländer, wird als „vollkommen ge= rechtfertigt" bezeichnet, was wohl nicht zutreffen kann, da die Engländer selbst diese Confiscation nicht aufrecht erhalten haben. Der Zweck der Expedition ist „durch das Zusammen= treffen Stanleys mit Emin Pascha bereits vereitelt oder richtiger gesagt, bereits erreicht." Vor allem wurde erklärt, daß „weder die deutschen noch die englischen Autoritäten bewaffnete Private in ihre Interessenphären eindringen lassen könnten."

Auch diese Auslassungen haben damals eine große Bewegung hervorgerufen, sie wurden allgemein für officiös gehalten, waren sie es nicht, so hätte dies festgestellt werden müssen.

Die neuste Auslassung der „Nordd. Allg. Ztg." stehen nun in directem Gegensatz zu diesen öfficiösen Aeußerungen von Ende April. Nach den neusten Auslassungen der „Nordd. Allg. Ztg." hatte die Emin=Pascha=Expedition sehr wichtige Zwecke, die durch das Zusammentreffen Stanleys mit Emin= Pascha noch nicht erreicht waren, wie gut also, daß sich das Emin=Pascha=Comité im Mai nicht den officiösen Rath= schlägen fügte, die Expedition aufzugeben. Außerdem aber wird jetzt gerade der Expedition zum Vorwurf gemacht,

---

*) Vergl. den Wortlaut dieses Artikels auf Seite 13.

daß sie nicht „angesichts der arabischen Bewegung" durch die deutsche Interessensphäre ging.

Wir lassen die bekannten Ausführungen der „Nordd. Allg. Ztg." hier nochmals im Wortlaut folgen.

„Bei unseren Erörterungen über das Entrüstung=Meeting gegen England haben wir bereits die Behauptung, daß die Regierung ihre Stellung zu der Emin=Pascha=Expedition geändert habe, berührt und auf die Umstände hingewiesen, welche zur Erklärung dieser veränderten Haltung dienen würden. Zu Ergänzung unserer Ausführungen bemerken wir noch, daß für die Regierung die Frage, ob sie der Expedition ihre Unterstützung gewähren könne, jeder Zeit der anderen untergeordnet blieb, ob die Expedition und die ihr zufließenden Mittel für die Zwecke des Reichs auf colonialem Gebiete in Ostafrika förderlich oder schädlich sein werden. Blieb die Leitung der Expedition in Wißmanns Händen und wurden alle in Ostafrika verfügbaren Deutschen Mittel in dessen Hand vereinigt, so konnte das Emin=Unternehmen neben seinem letzten Zweck zur Befestigung unseres Besitzstandes in Ostafrika nützlich werden. Es lag die Möglichkeit vor, nach dem oberen Nil von der unter Verwaltung der Deutsch=Ostafrikanischen Gesellschaft stehenden Küste innerhalb der Deutschen Interessensphäre bis zu den großen Binnen=Seeen vorzugehen, die Gährung an der Küste zu beschwichtigen und unser coloniales Gebiet weiter zu erschließen. In der Möglichkeit, die für die Emin=Expedition verfügbaren Kräfte gleichzeitig für die Ordnung der Dinge an der Deutschen Zanzibar=Küste zu benutzen, lag für die Regierung die Veranlassung, das beabsichtigte Unternehmen nicht zu entmuthigen, insbesondere zu einer Zeit, wo es ungewiß war, ob und welche Mittel zu dem analogen Zwecke vom Reichstage bewilligt werden würden. Anders gestaltete sich die Lage durch das Ausscheiden Wißmanns aus der Führung der Expedition. Der Glaube an die Ausführbarkeit der letzteren wurde dadurch wesentlich abgeschwächt, und Wißmann selbst war mehr geneigt anzunehmen, daß die für die Nil=Expedition bereits angeworbenen Kräfte sich seinem Feldzuge an der Küste bei Zanzibar anschließen, als daß sie unter Führung des Dr. Peters selbstständig vorgehen würden. Dies geschah aber, und damit war die Aussicht, daß die Expedition dem Deutschen Schutzgebiete zum Nutzen gereichen könne, geschwunden, und blieb nur die Möglichkeit übrig, daß Deutsche Privatunternehmungen zu Ergebnissen führen konnten, welche die auswärtige Politik des Reiches zu schützen nicht gestattet haben würde. Wir haben, was richtige Schätzung der Forderungen der auswärtigen Reichspolitik anbelangt, mehr Glauben an das durch ein Vierteljahrhundert hindurch bewährte Urtheil des Kanzlers, wie an das der Leiter der Emin=Expedition. Die Regierung thut nur ihre Pflicht, wenn sie davor warnt, die öffentliche Meinung im anderen Sinne durch Entrüstungs=Meetings aufzuregen."

Dem Vertrauen zu der Führung der auswärtigen Politik durch den Reichskanzler folgen wir unbedingt, die

— 53 —

Politik gegenüber dem Emin-Pascha-Unternehmen aber kann unmöglich auf den Leiter der Reichspolitik zurückgeführt werden. Der Kanzler muß in solchen Nebenfragen seinen Räthen vertrauen und wenn diese sich jetzt hinter der Autorität des großen Staatsmannes zurückziehen, so beweisen sie nur, daß sie sich anders nicht mehr vertheidigen können.

Wir unsererseits stellen zunächst fest, daß nunmehr drei sich durchaus widersprechende Erklärungen officiösen Ursprungs darüber vorliegen, warum die Regierung der Emin-Pascha-Expedition ihre Sympathie entzogen.

1) Ende April, weil Stanley Emin getroffen, der Zweck der Expedition mithin erreicht und eine Durchführung der Expedition durch die deutsche Interessensphäre „dazu angethan sei, den Behörden Schwierigkeiten aller Art zu bereiten."

2) Der erste Artikel der „Nordd. Allg. Ztg.", weil Wißmann aus der Leitung der Expedition zurückgetreten, die Persönlichkeit des jetzigen Führers keine Gewähr des Gelingens gebe und „der Verdacht erregt wurde, daß sie weniger philantropische als politische Zwecke verfolge". Es wird ferner auf „Eingriffe in die von uns anerkannte englische Interessensphäre hingewiesen." „Die Freundschaft der Engländer ist für uns von größerem Werth, als alles, was die Expedition am oberen Nil im günstigsten Fall erreichen könnte."

3) Der neuste Artikel der „Nordd. Allg. Ztg.", weil die Expedition nicht „zur Befestigung unseres Besitzstandes in Ostafrika nutzbar gemacht wurde" und „die Möglichkeit nach dem oberen Nil und den großen Binnenseen durch die deutsche Interessensphäre vorzugehen aufgehört" — also weil die Expedition keine politischen Zwecke habe.

Wie wenig zutreffend die beiden ersten Gründe gewesen sind, haben wir früher ausgeführt, sehen wir uns nun die neusten Ausführungen der „Nordd. Allg. Ztg." etwas genauer an.

Wir müssen zunächst gestehn, daß es uns nicht klar ist, was damit gemeint ist, daß das Unternehmen „in Wißmann's Händen bleiben" sollte. Hätte etwa Wißmann zugleich als Reichskommissar an der Küste die Ordnung herstellen und an der Spitze der Emin-Pascha-Expedition

ins Innere dringen sollen? Ist aber gemeint, daß die
Emin=Pascha=Expedition, für den Fall, daß sie in Deutsch=
Ostafrika zur Ausführung kam, sich der Oberleitung
Wißmanns zu unterstellen hatte, so hätte den Absichten
des Deutschen Emin=Pascha=Comité's und den Wünschen des
Dr. Peters nichts mehr entsprochen, als daß die Emin=
Pascha=Expedition — selbstverständlich unter Wißmanns
Oberleitung — bei ihrem Vormarsch zur Befestigung unseres
Besitzstandes in Ostafrika hätte mitwirken können. Daß
das nicht geschah, ist Schuld derjenigen, welche fürchteten,
daß „ein solches Vorgehen dazu angethan wäre, den Be=
hörden Schwierigkeiten aller Art zu bereiten, sei es auch
nur, daß dieselben dadurch in die Lage versetzt werden
könnten, gefangene Landsleute durch Waffengewalt oder
durch Zahlung hoher Lösegelder befreien zu sollen." Das
war die von der „Nordd. Allg. Ztg." im Mai gebilligte
Auffassung.

Wenn die „Nordd. Allg. Ztg." annimmt, daß „durch
das Ausscheiden Wißmanns" sich die Pläne für die Expedition
geändert haben, so ist das wieder einer der in einer offici=
ösen Auslassung schwer begreiflichen thatsächlichen Irrthümer.
Nachdem Ende September durch den Aufstand in Deutsch=
Ostafrika der Weg durch dasselbe auf längere Zeit für die
Emin=Pascha=Expedition ungangbar geworden waren, war
es gerade Wißmann, der die Witu=Tana=Route
im November vorschlug und nachdem das Comité
am 25. November zugestimmt, seine Expedition für
diese Route ausrüstete, bis er in den Reichsdienst
übertrat. Hier ist also wieder ein unlösbarer Wider=
spruch. Hatte die Wißmann'sche Expedition die Sympathie
der Regierung, so konnte die Witu=Tana=Route nicht den
Verlust dieser Sympathie hervorrufen, denn diese Route
wäre von Wißmann eingeschlagen worden, der sie gegen
den anfänglichen Widerspruch von Peters durchsetzte. Denn
gerade Peters vertrat stets den von der „Nordd. Allg.
Ztg." jetzt besonders hervorgehobenen Standpunkt, daß die
Emin=Pascha=Expedition „nach dem oberen Nil von der
unter Verwaltung der Deutsch=Ostafrikanischen Gesellschaft
stehenden Küste innerhalb der deutschen Interessensphäre
bis zu den großen Binnenseen vorzugehn, die Gährung

an der Küste zu beschwichtigen und unser koloniales Gebiet
weiter zu erschließen" habe. Von diesem und keinem anderen
Grundgedanken aus ist die Deutsche Emin=Pascha=Expedition
in die Wege geleitet worden und an der Durchführung
desselben arbeitet auch heut noch das Emin=Pascha=Comité.
Hätte dieser Gedanke aufgegeben werden müssen, dann
allerdings wäre es an der Zeit gewesen, das Unternehmen
zu liquidiren. Aber die „Norbd. Allg. Ztg." übersieht
völlig, daß durch die Wahl der Witu=Tana=Route die
Ausführung dieser Pläne durchaus nicht in Frage gestellt
wird. Was zuerst und vor Allem Noth thut, das ist die
Herstellung einer Verbindung mit Emin und die Versorgung
desselben mit Munition. Auf welchem Wege dieses Ziel
erreicht wird bleibt sich ziemlich gleich, wenn nur Emin
erreicht und seine Stellung befestigt wird. Nur wenn
Emin Wadelai hält, haben alle andern Pläne eine
feste Grundlage. Neben den allgemeinen humanitären
Pflichten, diesen letzten Posten europäischer Gesittung
dem arabischen Ansturm gegenüber zu vertheidigen, neben
unsrer nationalen Verpflichtung, den tapferen Landsmann
nicht im Stich zu lassen, hat das Emin=Pascha=Comité
stets die hohe commercielle und kolonialpolitische Bedeutung
des Unternehmens hervorgehoben. Wir freuen uns, einen
Hinweis hierauf in der „Norbd. Allg. Ztg." zu finden.
Nur steht diese Auslassung über das Wünschenswerthe der
weiteren Erschließung unseres kolonialen Gebietes, des Vor=
dringens bis zu den großen Binnenseeen und nach den
oberen Nil — Zielen, deren Erreichung wir von der Emin=
Pascha=Expedition unter Peters' Führung erhoffen — im
denkbar schroffesten Gegensatz zu dem, was die „Norbd.
Allg. Ztg." zuerst über Eingriffe in die englische Interessen=
sphäre und die englische Freundschaft, die mehr werth, als
Alles, was wir am oberen Nil erwerben können, vor=
gebracht hat. Glaubt denn die „Norbd. Allg. Ztg.", daß
den Engländern eine deutsche Emin=Pascha=Expedition von
Bagamoyo aus unter Wissmann'scher Führung weniger
unangenehm gewesen wäre, als die jetzige Expedition unter
Peters' Führung von Witu aus. Wir meinen, daß das
Gegentheil selbstverständlich ist.
    Wenn die „Norbd. Allg. Ztg." oder ihre Hintermänner

über die Emin=Pascha=Expedition und die Absichten des
Comités falsch unterrichtet sind, so sollten sie doch nicht
ohne Weiteres behaupten, daß Hauptmann Wißmann ebenso
falsch unterrichtet war. Daß Hauptmann Wißmann „mehr
geneigt war", etwas Falsches anzunehmen, ist deshalb
ausgeschlossen, weil derselbe bis zu seiner Abreise nach
Afrika an den Sitzungen des geschäftsführenden Ausschusses
des Emin=Pascha=Comité theilnahm und selbst an den Be=
schlüssen des Ausschusses mitwirkte, durch welche Peters
ermöglicht wurde, die früher von Wißmann für seine Ex=
pedition vorgeschlagene Tana=Route zu wählen.

Die entschiedenste Verwahrung müssen wir dagegen
einlegen, daß die „Nordd. Allg. Ztg." behauptet, daß num=
mehr „die Aussicht, daß die Expedition dem deutschen
Schutzgebiete zum Nutzen gereichen könne, geschwunden" sei.
Dieselben Vortheile für unsre Kolonie und für Deutsch=
land, die überhaupt von der Expedition erwartet wurden,
sind auch jetzt noch in Aussicht. Muß der Hinmarsch der
Expedition auf der Witu=Tana=Route vor sich gehen, so
übersieht die „Nordd. Allg. Ztg.", wie es scheint, ganz,
daß der Rückmarsch vom oberen Nil durch das Gebiet der
großen Binnenseen und durch Deutschostafrika erfolgen
könnte. Eine solche sieg= und erfolgreiche Expedition wird
das nicht ohne Schuld der Reichspolitik schwer herab=
gedrückte deutsche Ansehen in Afrika nach jeder Richtung hin
heben und diejenigen Ziele erreichen, welche die „Nordd. Allg.
Ztg." jetzt, in Uebereinstimmung mit uns, von der Expedition
erreicht zu sehen wünscht. Unter solchen Umständen ist es schwer
verständlich, warum man die Expedition, die längst aufgehört
hat, irgendwelche Unterstützung vom Reiche zu fordern, die
nur verlangt, daß man ihr keine Schwierigkeiten macht, so
direkt feindlich behandelt. Auf diese Haltung unsrer offi=
ciösen Presse gegenüber der Emin=Pascha=Expedition und
auf die Haltung der Vertreter der Reichsgewalt in Ost=
afrika (mit Ausnahme des Reichscommissars Hauptmann
Wißmann, der in der dankenswerthesten Weise das Zu=
standekommen der Expedition in Afrika förderte) führen
wir ganz wesentlich auch die Uebergriffe zurück, welche
die Engländer sich der Emin = Pascha = Expedition gegen=
über erlaubt haben. Sie hielten Dr. Peters und seine

Expedition einfach für vogelfrei; dies geht unzweideutig
aus den Bemerkungen des Admirals Freemantle gegenüber
Dr. Peters hervor. „Wenden Sie sich doch an Ihr Aus=
wärtiges Amt, wir haben ja Telegraphenverbindung mit
Berlin; wenn wir dann von London einen Wink erhalten,
werden wir anders gegen Sie verfahren." So sprach der
englische Admiral zu dem Führer der deutschen Emin=
Pascha=Expedition! — Wir können diese Ausführungen
nicht besser schließen, als mit den schönen Worten, die
Hermann Wißmann in dem schon erwähnten Aufsatz im
„Deutschen Wochenblatt" aussprach und die gerade jetzt
überall in Deutschland Gehör finden sollten:

„Mir ist es unverständlich, wie fühlende Menschen einem
Unternehmen ihre Sympathie versagen können, das so hohe,
ja erhabene Ziele hat wie dieses, das so patriotische, so
wahrhaft humane und außerdem so praktische Zwecke verfolgt.

Es ist ein bitteres Gefühl, was sich in uns, die wir
Gesundheit und Leben gern für so hohe Ziele in die
Schanze schlagen, regt, wenn wir sehen müssen, wie man sogar
gegen dies Unternehmen aufhetzt und ich will zum besten solcher
Hetzer nur annehmen, daß dies aus Mangel an Ver=
ständniß geschieht, denn anders müßte ich bestätigen, daß
sie sich an der Menschheit und an ihrem Vaterlande ver=
sündigen. Das Ausland beobachtet mit gespannter Auf=
merksamkeit alles, was unsere Zeitungen über das geplante
Emin=Pascha=Unternehmen bringen.

Hat irgend welche englische Zeitung die Hülfsexpedition
Stanley's, die er zu einem Deutschen führen wollte, je
bekrittelt?

Soll man dort, wo man das Emporblühen des
Deutschthums im Auslande gespannt beobachtet, über uns
die Achseln zucken? Männer, die entschlossen sind, Leben
und Gesundheit einzusetzen, giebt es viele wie ich jetzt täglich
zu meiner Freude constatire, an Männern, die durch bereit=
willig gewährte Mittel, das Zustandekommen der Expedi=
tion gesichert haben, fehlt es auch nicht, zu welchem Zwecke
will man uns noch dem Auslande gegenüber compromittiren?
Vielleicht aus bloßer Opposition? Viele meiner Mitarbeiter
sind seit 9 Jahren, während welcher ich im dunklen Continente
wirkte, erlegen; sie starben, die „Abenteurer" im Bewußtsein

für ein hohes Ziel zu fallen und in der Hoffnung auf ein ehrendes Angedenken in der Heimath.

Wir wissen, was uns bevorsteht, aber es genügt uns zu fühlen, daß Millionen mit ihrer vollen Theilnahme unser Vorhaben begleiten und an der Spitze dieser steht unser allergnädigster Kaiser."

Die Fortführung
des Emin-Pascha-Streites durch die
„Norddeutsche Allgemeine Zeitung."

(Deutsches Wochenblatt II. Jahrg. No. 36 v. 5. September 1889.)

Die „Norbd. Allg. Ztg." hat den wohlmeinenden Rath, die Streitaxt in dem Streit um die Emin-Pascha-Expedition zu begraben, nicht beherzigt. Wir haben gleich drei Auslassungen des officiösen Blattes zu verzeichnen. Die erste davon ist deshalb bemerkenswerth, weil sie unverhüllt eine Stelle im Auswärtigen Amt kennzeichnet, von welcher die Mittheilung ausgegangen ist. Man wird nunmehr auch nicht mehr bezweifeln können, daß die Ende April in der „Post" erschienene Aufforderung, die Emin-Pascha-Expedition zu liquidiren und deren Mittel dem Reichscommissariat des Hauptmann Wissmann zuzuwenden, gleichfalls auf das Auswärtige Amt zurückgeführt werden muß. Nun hat man aber nur nöthig, diese Auslassungen heut wieder durchzulesen, um sich staunend zu fragen, wie es möglich ist, daß derartige Anschauungen an Stellen bestehen können, welche für die deutsche Kolonialpolitik mehr oder minder maßgebend sind.

Die Idee, die vielleicht erschöpften Kassen des Reichscommissariats durch die vom Emin-Pascha-Comité gesammelten Gelder frisch aufzufüllen, ist an sich absurd. Das Deutsche Reich hat nicht nöthig, mit dem Klingelbeutel herumzugehen. Wo die Ehre unserer Flagge engagirt, hat das Reich für die nöthigen Mittel zu sorgen, und wir brauchen nicht die Erträgnisse von Privatsammlungen in Anspruch zu nehmen. Jeder aber, der für das Emin=Pascha=Comité Geld gezeichnet, war berechtigt das Comité zu verklagen, wenn dieses für einen den ursprünglichen Absichten fremden Zweck das ihm anver= traute Geld verwendet hätte. Wir geben die Auslassungen der „Nordd. Allg. Ztg." und die Antwort, welche der geschäfts= führende Ausschuß des Deutschen Emin=Pascha=Comité's darauf erließ, hier wörtlich wieder. Die „Nordd. Allg. Ztg." schreibt:

„Unter den Betrachtungen, welche die Berliner koloniale Ent= rüstungsversammlung in der Presse zu Tage gefördert hat, befindet sich auch die Beschwerde darüber, daß das Emin = Pascha = Unter= nehmen nicht rechtzeitig über die Bedenken der Regierung unterrichtet worden sei.

Wir haben schon wiederholt dargelegt, aus welchen Gründen das anfangs zu dem Unternehmen vorhandene Vertrauen demnächst ge= schwunden ist. Wir sind heute in der Lage, festzustellen, daß am 25. Februar d. J. der Vorsitzende des Geschäftsführenden Ausschusses des Emin = Pascha = Comités, Minister a. D. von Hofmann, in ein= dringlichster Weise von maßgebender Stelle gebeten worden ist, in der einen oder anderen Weise die Fusionirung mit der Expedition des Hauptmann Wißmann herbeizuführen: es ist dabei auf die in= zwischen eingetretenen Schwierigkeiten hingewiesen und die Wahr= scheinlichkeit betont worden, daß die bedeutenden für das Emin=Pascha= Unternehmen freiwillig aufgebrachten Gelder nutzlos vergeudet werden würden. Seit sechs Monaten wußte man demnach in den leitenden Kreisen des Emin = Pascha = Unternehmens, wie die Regierung über dasselbe denkt."

Auf diese Aeußerung der „Nordd. Allg. Ztg." antwortet das Deutsche Emin=Pascha=Comité wie folgt:

„Die „Norddeutsche Allgemeine Zeitung" nimmt Bezug auf eine Unterredung, die der Vorsitzende des geschäftsführenden Ausschusses des Emin = Pascha = Comités, Staatsminister von Hofmann, im Februar d. J. mit dem Unter=Staatssekrtär im Auswärtigen Amte, Grafen von Berchem, gehabt hat und macht über den Inhalt dieser Unterredung Mittheilungen, die nicht ganz zutreffend sind. In Wirklichkeit verhielt sich die Sache wie folgt:

Am 23. Februar l. J. wurde in einer Hauptversammlung der Deutsch = Ostafrikanischen Plantagengesellschaft beschlossen, den früher in Aussicht gestellten Beitrag von 50 000 Mk. für das Deutsche Emin= Pascha=Unternehmen nicht zu bewilligen. Am folgenden Tage fand auf den Wunsch des Grafen von Berchem die von der „Nordd. Allg. Ztg." erwähnte Unterredung statt. Graf von Berchem eröffnete dieselbe, indem er bemerkte: durch den gestrigen Beschluß der Plan= tagengesellschaft sei die financielle Grundlage des Emin = Pascha= Unternehmens dermaßen erschüttert, daß es seiner Ansicht nach sich

empfehlen werde, die Expedition aufzugeben und die gesammelten
Gelder der von Wißmann geleiteten Aktion des Reichs zuzuwenden.
Er wolle dies nur vertraulich anregen und zur Erwägung stellen,
ohne irgendwie officiell in die Sache sich einzumischen. Staatsminister
von Hofmann erwiderte, daß der Ausfall von 50 000 Mk. durch
Garantiezeichnungen gedeckt sei: übrigens könne auch weder der
Ausschuß des Emin = Pascha = Comités, noch letzteres selbst die vor-
handenen Gelder zu einem anderen Zweck, als zu dem sie gesammelt
seien, verwenden. Graf Berchem sprach darauf von den großen
Schwierigkeiten und Gefahren, welchen die Expedition auf ihrem
Marsch ins Innere begegnen werde; er halte es für ganz ausgeschlossen, daß die Expedition ihren Zweck der Vereinigung mit
Emin erreiche, und deshalb sei es doch rathsamer, die gesammelten
Gelder, statt sie für ein aussichtsloses Unternehmen zu verausgaben,
dem Fonds für die Zwecke des ostafrikanischen Reichskommissariats
zu einem ebenfalls nationalen Zwecke zufließen zu lassen. Demgegenüber machte der Vertreter des Emin = Pascha = Comités geltend, daß
die Expedition von vornherein als ein schwieriges und gewagtes,
aber durch eine nationale Ehrenpflicht gebotenes Unternehmen geplant worden sei und daß deshalb das Comité nicht davon zurücktreten könne, es sei denn, daß die Unmöglichkeit der Ausführung klar
vor Augen liege oder daß das Auswärtige Amt von seinem Standpunkt aus Einspruch dagegen erhebe. Darauf betonte zum Schluß
Graf Berchem nochmals den vertraulichen Charakter der Unterredung.

Das von der „Nordd. Allg. Ztg." erwähnte Ersuchen „in der
einen oder anderen Weise die Fusionirung mit der Expedition des
Hauptmann Wißmann herbeizuführen", ist nicht gestellt worden. Von
einer „Fusionirung" der Peters'schen und der Wißmann'schen Expedition wurde überhaupt nicht gesprochen. Bemerkenswerth ist, daß,
auch nach dem Bericht der „Nordd. Allg. Ztg.", politische Bedenken
gegen die Ausführung der Emin=Pascha=Expedition, wie solche neuer-
dings vorgebracht worden sind, in jener Unterredung mit keiner
Silbe geäußert oder auch nur angedeutet wurden. Insbesondere
war nicht davon die Rede, daß die auswärtigen Beziehungen Deutschlands, namentlich das Verhältniß zu England, eine Störung durch
die Deutsche Emin=Pascha=Expedition erfahren könnten, obwohl auch
damals schon das deutsche Unternehmen seitens der englischen Konkurrenz bekämpft wurde.

Nichts hat den Männern, welche seiner Zeit die Deutsche Emin=
Pascha=Expedition aus hochherzigen und patriotischen Beweggründen
zur Erfüllung einer großen humanitären und nationalen Aufgabe
in's Leben riefen, ferner gelegen, als der Gedanke, daß sie dadurch
der Politik des Herrn Reichskanzlers Schwierigkeiten bereiten könnten.
Hätte man ihnen rechtzeitig erklärt, daß zwingende Rücksichten der
auswärtigen Politik dem Unternehmen im Wege ständen, so würden
sie gewiß — wenn auch mit schwerem Herzen — darauf verzichtet
haben, dem deutschen Landsmann Hülfe zu bringen. Aber aus bloßen
Zweckmäßigkeitsgründen, wegen der mit jedem Zug ins Innere des
dunklen Welttheils verbundenen Gefahren und wegen der Unsicher-
heit des Erfolges das Feld zu räumen und Anderen die Sorge um

Dr. Schnitzer zu überlassen, dazu konnte und durfte das Emin-Pascha-Comité sich nicht entschließen, wenn es der einmal übernommenen Aufgabe treu bleiben wollte; ebenso wenig war es befugt, die ihm anvertrauten Gelder zu einem anderen Zweck als demjenigen einer Deutschen Emin-Pascha-Expedition zu verwenden."

———

Der üble Eindruck, welchen die Angriffe der „Nordd. Allg. Ztg." gegen das Deutsche Emin = Pascha=Unternehmen hervorgerufen haben, scheint zu immer neuen Versuchen Anlaß zu bieten, die öffentliche Meinung durch officiöse Artikel zu beeinflussen. Soweit wir es wahrzunehmen vermögen, findet die „Nordd. Allg. Ztg." dabei aber nur den lauten und un=eingeschränkten Beifall der freisinnigen Presse, der wir es nicht verargen können, daß sie sich der Discreditirung der deutschen Kolonialbewegung aufrichtig freut. Zu den vielen, sich stets widersprechenden, wechselnden Beleuchtungen, in welchen die „Nordd. Allg. Ztg." die Stimmung der Regierung gegenüber dem Emin=Pascha=Unternehmen zeigt, kommt nun noch eine, vielleicht die seltsamste Leistung. Die „Nordd. Allg. Ztg." schreibt:

„Dem von der „Post" ausgesprochenen Wunsche, daß in Sachen der Emin=Expedition die Preßfehde ihren Abschluß erreiche, schließen wir uns gern an, wenn wir auch die Identificirung der Emin-Unternehmung mit den Reichs=Colonialbestrebungen für unzutreffend halten. Im Gegentheil, beide stehen sich einander schädigend gegen=über, und weil wir auf Seite der Colonialpolitik des Reichs stehen, haben wir für die Expedition nichts übrig. Es ist eine Verdunkelung der Sachlage, wenn man die Emin=Expedition als identisch mit unserer Colonial=Politik, oder als einen essentiellen Theil derselben hinstellt. Beide sind nicht nur nicht identisch, sondern sie stehen in einem Gegensatz zu einander. Die Emin=Expedition in ihrer Aus=führung nach Trennung von der Wißmannschen und unabhängig von dieser, ja in Concurrenz mit ihr, kann unsere colonialen Interessen an der ostafrikanischen Küste nur schädigen. Wir halten für unsere Aufgabe die Concentration unserer staatlichen und wirth=schaftlichen Kräfte zunächst auf die Wiedergewinnung und Sicher=stellung, dann auf die Erhaltung und Melioration unseres bisherigen Besitzes und Schutzgebietes. Dieses Gebiet, beiläufig in Ost= und Westafrika über $2\frac{1}{2}$ Millionen Quadratkilometer, also etwa den fünf=fachen Umfang Deutschlands betragend, wird auch in fernerer Zu=kunft zur Verwerthung der Leistungen des dem colonialen Erwerb zugewandten Theiles unserer Bevölkerung genügen, wenn es assimilirt und beherrscht werden kann; um letzteres zu ermöglichen, ist aber das Zusammenhalten der Kräfte nöthig, welche wir zur Befruchtung unserer colonialen Bestrebungen verfügbar haben. Uebertreibungen der räumlichen Ausdehnung unseres Wirkungskreises können wohl persönliche Wünsche, aber keine nationalen Interessen fördern. Der Emin-Expedition wäre es ein Leichtes gewesen, an der Lösung der nationalen Aufgabe mitzuarbeiten; sie brauchte nur, wie ihr das seitens der Regierung nahe gelegt worden ist, mit dieser und mit der Ostafrikanischen Gesellschaft gemeinsame Sache zu machen und die ihr zu Gebote stehenden Mittel zunächst zur Pacificirung des deutschen Küstenlandes als Basis für ihr Vorgehen im Innern zu verwenden. Sie hat es vorgezogen, ihr Geld und ihre Truppen in den Dienst eines Unternehmens zu stellen, welches im günstigsten Falle eine Zersplitterung unserer ad hoc verfügbaren, ohnehin geringen Kräfte bedeutet. Nicht dem Gegner der heutigen Emin-Expedition, sondern ihren Förderern kann man den Vorwurf machen, unsere colonialpolitischen Interessen zu schädigen. Wir treten ein für unsere Colonialpolitik, wie sie von der Regierung und dem Reichstage übereinstimmend in ihren Zielen und Wegen festgelegt ist und halten an der Nothwendigkeit fest, daß unsere auswärtige Politik von dem verantwortlichen Reichskanzler geleitet werde und nicht von dem Vorsitzenden des Emin-Pascha-Comités."

Wir sehen von dem häßlichen, persönlichen Angriff gegen den Vorsitzenden des Emin-Pascha-Comité's ab, welcher den Schluß dieser Auslassungen bildet. Dergleichen richtet sich in den Augen des anständigen Publicums von selbst. Der Nachweis, daß die von den Anhängern der deutschen Kolonialpolitik durchgeführte Emin-Pascha-Bewegung die deutschen kolonialen Interessen schädigt, würde, wenn sie von einer andern Stelle käme, — komisch sein. Wir wollen die „Norbb. Allg. Ztg." nur daran erinnern, daß ihre letzten Ausführungen einen principiellen Gegensatz gegen das Emin-Pascha-Unternehmen überhaupt ausdrücken, dieser Gegensatz aber wäre bereits ebenso scharf vorhanden gewesen, als Se. Majestät seine wärmsten Sympathieen für die Expedition aussprach und der Herr Reichskanzler dieselbe als patriotisch bezeichnete. Unser Kolonialbesitz war damals genau so groß wie heut, die Gründe für eine „Concentration" waren dieselben wie heut. Warum also dann die Aenderung in der Haltung der Regierung? Die „Norbb. Allg. Ztg." hat gesehen, daß sie mit ihren ersten, der Wahrheit am nächsten kommenden Ausführungen, wonach der Wechsel der Personen der entscheidende Grund war, nicht durchbrang, nun versucht sie es mit sachlichen Gründen. Aber hier waren die Bemerkungen bezüglich des Einschlagens der Witu-Route nicht aufrecht zu erhalten, seit feststand, daß diese Route von Wißmann selbst vorgeschlagen und für sich in Aussicht genommen war

und doch· die Wißmann'sche Expedition die Sympathie der
„Norbb. Allg. Ztg." behalten hatte. Nun stellt man sich
plötzlich auf den kolonialpolitischen Standpunkt, dem man ins
Gesicht schlug durch die Bemerkungen über die Berliner Protest=
versammlung und durch die Erklärung, daß das englische
Bündniß mehr werth sei als alle Erwerbungen am oberen Nil.
Inzwischen aber hatte die „Norbb. Allg. Ztg." selbst die Mög=
lichkeit als einen Grund ihrer früheren Sympathie für das Emin=
Pascha=Unternehmen anerkannt, „nach dem oberen Nil von der unter
Verwaltung der deutschostafrikanischen Gesellschaft stehenden Küste
innerhalb der deutschen Interessensphäre bis zu den großen
Binnenseeen vorzugehen, die Gährung an der Küste zu be=
schwichtigen und unser koloniales Gebiet weiter zu erschließen."
Die Freunde der deutschen Kolonialpolitik sind der Meinung,
daß dies Ziel auch heut noch durch die Emin=Pascha=Expedition
auf der Witu=Tana=Route zu erreichen ist, und darüber hat
sich die „Norbb. Allg. Ztg." bisher ausgeschwiegen, ob dies
ein Irrthum. Darauf aber allein kommt es an. Ist die
Erschließung der Hinterländer unsrer ostafrikanischen Besitzungen,
die Herstellung einer Verbindung derselben mit den Binnen=
seeen und mit den Provinzen Emin Pascha's eine große kolo=
niale und deutschnationale Aufgabe oder nicht? Darauf er=
bitten wir eine klare Antwort. Muß unsre Frage bejaht
werden, dann kann nicht bestritten werden, daß es vor Allem
darauf ankommt, Emin in der Behauptung seiner Stellung zu
unterstützen. Deshalb hatte Wißmann Recht, als er die Witu=
Tana=Route vorschlug, um zunächst und da an's Ziel zu ge=
langen, wo der Weg offen. Sieht die Regierung hierin eine
Zersplitterung der Kräfte, so hätte sie hiermit im November
hervortreten müssen, wo thatsächlich die Entscheidung zu Gunsten
der Witu=Tana=Route fiel; wir haben aber früher gehört, daß
die Regierung dem Unternehmen ihre Sympathie auch noch
später bewahrte, nämlich bis Wißmann von demselben im Januar
zurücktrat. Noch früher freilich hatte der officiöse Artikel sogar noch
Sympathieen für die „Peters'sche Expedition" sich bewahrt,
die erst fortfielen, als Stanley zu Emin kam. So begegnen
wir in diesen Ausführungen, die uns mit immer stärkerem
Hinweis auf die Autorität der Regierung vorgeführt werden,
immer schärfere Widersprüche und doch deuten gewisse Anhalts=
punkte darauf, daß all' das einer Feder entstammt.

Man scheint bei den Hintermännern der „Norddd. Allg.
Ztg." ganz vergessen zu haben, daß es eine Zeit gab, wo die
Emin-Pascha-Expedition hauptsächlich bekämpft wurde, weil sie
den Arabern im Aufstandsgebiet Geiseln und Waffen liefern
würde, wo ein officiöser Artikel es als „selbstverständlich" bezeichnete, daß die deutschen Autoritäten nicht „das Eindringen
bewaffneter Privaten in ihre Interessensphäre gestatten könnten",
während jetzt der Hauptvorwurf gegen das Unternehmen darauf
beruht, daß dasselbe nicht in Deutsch-Ostafrika vor sich ging.

Was aber sollen diese ganzen sich beständig verschärfenden
Angriffe überhaupt zu einer Zeit, wo die Expedition auf dem
Marsch ist und an dem thatsächlichen Verlauf der Dinge doch
nichts mehr geändert werden kann? Bei der Zusammensetzung
des Emin-Pascha-Comité's steht es außer Frage, daß die Regierung jederzeit die Macht hatte, die Auflösung des Unternehmens herbeizuführen. Sah die Regierung wirklich eine
Schädigung kolonialer Interessen in der Expedition, warum ist
das dem Comité nicht unzweideutig vom Auswärtigem Amt
mitgetheilt worden? Mit vertraulich geäußerten Zweifeln an der
Ausführbarkeit des Unternehmens und unhaltbaren Vorschlägen,
wie diejenigen, die vorhandenen Mittel für das Reichscommissariat zu verwenden, war es nicht gethan. Das Emin-
Pascha-Comité konnte nur dann mit gutem Gewissen von seiner
Aufgabe zurücktreten, wenn die Regierung das im Interesse der
Reichspolitik für geboten hielt und ihre Ansicht in klarer Form
aussprach, da das nicht geschah, sind die jetzigen Angriffe unter
allen Umständen ein Fehler. Sie ändern an der Sache nichts
und tragen in weite, der Regierung treu ergebene Kreise, Auf-
regung und Unzufriedenheit, während die Gegner der Regierung
frohlocken. Rechter Hand, linker Hand alles vertauscht!

Die deutsche Emin-Pascha-Expedition ist auf dem Marsch,
scheitert sie, so mag man den Stab über Dr. Peters brechen,
fällt Peters seinem kühnen Wagniß zum Opfer oder gelingt
dieses, so wird das deutsche Volk sein Urtheil sprechen. Ist
es aber nicht im höchsten Maße häßlich und unangemessen,
wenn die Zeitungen jetzt, wo Dr. Peters inmitten von
Strapazen und Gefahren steht, die wohl keiner von denen
übernehmen würde, die von ihrem Schreibtisch aus so tapfer gegen
den Fernen und Wehrlosen losziehen, wenn man jetzt die gemeinen persönlichen Anfeindungen gegen Peters mit größtem

Behagen breittritt. Davor sollte jeder Ekel empfinden. Wenigstens hierin sollte Wandel geschafft werden, im Uebrigen gehen wir über das schmutzige Kapitel hinfort. Der Erfolg wird entscheiden.

———

Wenn wir von dem letzten Artikel der „Nordd. Allg. Ztg." überhaupt noch Notiz nehmen, so geschieht dies nur, weil wir durch Mittheilung desselben unsern Lesern ein vollständiges Bild des Streites um die Emin-Pascha-Expedition geben wollen. Es wird Vielen erwünscht und in Zukunft vielleicht werthvoll sein, die sämmtlichen Auslassungen der „Nordd. Allg. Ztg." im Abdruck zu besitzen. Je häufiger übrigens die „Nordd. Allg. Ztg." das Wort nimmt, um so klarer wird es zu unserer Freude, daß es nicht eine hohe Stelle sein kann, von der diese Auslassungen ausgehn, denn an hohen Stellen hat man wohl kaum Zeit und Lust derartige unerquickliche Erörterungen ins Unendliche fortzuspinnen. Die sich beständig widersprechenden, ohne eingehende Sachkenntniß geschriebenen Auslassungen der „Nordd. Allg. Ztg." tragen eines andern Geistes Stempel, als die unverkennbare Art unsres großen Staatsmannes, die in jeder Aeußerung desselben deutlich hervortritt. Aus irgendwelchen Gründen mag Fürst Bismarck die officiösen Erörterungen dulden, aber wir sind weit entfernt davon anzunehmen, daß diese auf den leitenden Staatsmann selbst zurückzuführen sind. Eben deßhalb wenden wir uns von dem schlecht unterrichteten Reichskanzler an den besser zu unterrichtenden.

Wenn es der „Nordd. Allg. Ztg." darauf ankommt, das letzte Wort zu behalten, so wollen wir es ihr geben, denn wir wünschen vor allem, daß der Streit ein Ende nimmt, der nur zu sehr Interessen der inneren und äußeren Politik gleichmäßig schädigt. Sachlich kann man sich auch kaum mit den nachfolgenden Ausführungen befassen, sie gipfeln darin, daß eine offensive Richtung gegen die Reichspolitik und eine auswärtige Regierung erst durch das „Entrüstungscomité" eingeschlagen sei. Ein Entrüstungscomité, das jetzt von der „Nordd. Allg. Ztg." als Hauptschuldiger vorgeführt wird, hat aber niemals bestanden. Die Protestversammlung in Berlin, welche gemeint ist, ging bekanntlich von dem Vorstand der Abtheilung Berlin

5

der Deutschen Kolonialgesellschaft aus. Sowenig dieser Vor=
stand ein Entrüstungscomité genannt werden kann, sowenig
war die Versammlung offensiv gegen die Reichspolitik oder
gegen England. Sie erhob Protest gegen Vergewaltigungen
gegen Deutsche und es kommt nur darauf an, ob solche
Vergewaltigungen vorgekommen sind oder nicht. Kamen sie
nicht vor, dann belehre man uns über unsere Irrthümer,
kamen sie vor, so wird kein Artikel der „Norbb. Allg. Ztg."
im Stande sein, deutsche Bürger abzuhalten, ihre Stimme
gegen solche Vergewaltigung unserer Landsleute zu erheben.

Für das Emin=Pascha=Comité war der Vorschlag, seine
Gelder dem Reichsunternehmen zuzuwenden, unannehmbar; die
Begründung dieses Vorschlags war, soweit sie sich auf die un=
genügende financielle Fundirung der Expedition bezog, eine irr=
thümliche, soweit Befürchtungen vor den Gefahren und der
Zweifel an der Durchführbarkeit des Unternehmens geäußert
wurden, nicht ausreichend, um das Comité zum Verzicht auf
die Expedition zu veranlassen. Wie hätte das Comité es ver=
antworten können, auf solche Winke des Auswärtigen Amtes
die großen, damals bereits verausgabten Summen im Stich zu
lassen, die geschlossenen Verträge zu brechen und von einer
nationalen Aufgabe vor den Augen der ganzen civilisirten
Welt schwachmüthig zurückzutreten. Nur eine offene Erklärung
der Staatsregierung, daß die Expedition die Zirkel der Reichs=
politik störe, hätte das Comité veranlassen können, die Ver=
antwortung für das Aufgeben der Expedition zu übernehmen.
Daß im Falle einer solchen Erklärung die Expedition unter=
blieb, mußte die Regierung; warum erfolgte eine solche Er=
klärung nicht? Grade wenn man zuerst aus Schonung ver=
traulich vorging, hätte man, als das nichts half, officiell ein=
schreiten sollen. Die Handhabe hierzu war noch im Mai
vom Emin=Pascha=Comité gegeben worden, nachdem zum ersten
Mal öffentlich eine officiöse Stimme gegen die Expedition sich
erhoben hatte. Man wollte aber augenscheinlich, daß das
Emin=Pascha=Comité allein die Verantwortung für das Scheitern
der mit so großer Hoffnung in's Leben gerufenen Expedition
tragen sollte. Damit drang man nicht durch — das erklärt
den Aerger vielleicht, der in den Aeußerungen der „Norbb.
Allg. Ztg." zu Tage tritt. Es ist eine merkwürdige Logik,
daß, weil eine vertrauliche Unterhaltung nicht zum Ziel führte,

auch ein officieller Schritt aussichtslos war. Die Erklärung
des Ausschusses des Emin-Pascha-Comités legt übrigens nicht
darauf den Hauptnachdruck, daß die Anregung des Herrn
Unterstaatssecretär Grafen. Berchem eine vertrauliche war,
sondern darauf, daß keine politischen Bedenken geltend gemacht
wurden. Herr Staatsminister von Hofmann hat nach dieser
Erklärung überdies dem Grafen Berchem direct gesagt, daß
die Expedition aufgegeben werde, „falls die Unmöglichkeit der
Ausführung klar vor Augen liege oder das Auswärtige
Amt von seinem Standpunkt aus Einspruch dagegen
erhöbe."

Wir geben nunmehr den so gekennzeichneten Artikel hier
wieder:

„Der Verlauf der in Nr. 483 der „National-Zeitung" erwähnten
Unterredung, welche in Gegenwart des Unterstaatssecretairs und des
Referenten für die Kolonialangelegenheiten stattfand, ist im All-
gemeinen richtig wiedergegeben und bildet für jeden verständigen
Leser im Wesentlichen die Bestätigung der Richtigkeit der Aus-
führungen unseres Entrefilets vom 27. d. M.

Die Erklärung des Ausschusses beruft sich darauf, daß die Unterredung
einen vertraulichen Charakter hatte. Das ist richtig. Verschwiegen wird
aber, daß bei dieser Aeußerung die beiden erwähnten Beamten des
Auswärtigen Amts sich auf ausdrücklichen Auftrag des Staats-
sekretärs beriefen. Was also die Meinung der Reichsregierung war,
konnte der geschäftsführende Ausschuß des Emin-Pascha-Comités
bei dieser Gelegenheit in bündigster Weise entnehmen. Die Erwiderung des Ausschusses legte besonderen Werth auf den vertraulichen Charakter dieser Unterredung, welcher derselben gegeben
wurde, lediglich um die Bereitwilligkeit zum Rückzuge zu erleichtern.
Den Gegensatz zu vertraulich würde in diesem Falle ein amtlicher
Erlaß der Reichsregierung gebildet haben. Nachdem die vertrauliche,
im höheren Auftrage gehaltene Sondirung bei den Mitgliedern des
Ausschusses keinen Eindruck gemacht hatte, fehlte der Regierung die
Vorbedingung zu amtlicher Stellungnahme, d. h. die Aussicht auf
Erfolg eines amtlichen Schrittes. Der vertrauliche Charakter dieser
Unterredung fiel hinweg, nachdem es einzelnen Mitgliedern des Ausschusses gefallen hat, in Preßorganen des Ausschusses die Meinung
zu verbreiten, als habe sich der Ausschuß in voller Unkenntniß über
die Auffassung der Regierung bewegt. Im Monat Februar war
die Hoffnung, daß das Emin-Pascha-Unternehmen aufgegeben würde,
eine berechtigte. Eine offensive Richtung gegen die Reichspolitik
und eine befreundete Regierung hat aber das Unternehmen erst
durch das Entrüstungscomité erhalten. Die Erklärung des geschäftsführenden Ausschusses des Emin-Pascha-Comités legt Werth darauf,
daß, während dem Vertreter desselben im Auswärtigen Amt in
dringender Weise der Rath gegeben wurde, die gesammelten Gelder

der Wißmann'schen Aktion zuzuwenden, von einer Fusionirung der beiden Expeditionen dabei nicht die Rede gewesen sei. Diese Bemerkung ist eine irrthümliche; die Aufforderung, die vorhandenen Mittel an die Wißmann'sche Expedition oder für sonstige ostafrikanische Zwecke zu überlassen, ist, sofern nicht auf die Person des Dr. Peters besonderer Nachdruck gelegt wird, gleichbedeutend mit dem Vorschlage der Fusionirung.

Im Wesentlichen bestätigt demnach die Erwiderung der „National-Zeitung" die Darlegung, die wir in unserer Abendnummer vom 27. d. M. veröffentlicht haben."

Der Streit um die Deutsche Emin-Pascha-Expedition wird ein häßlicher Zwischenfall bleiben. Voll Hoffnung und Begeisterung sind wir an das Unternehmen herangetreten, mit unendlichen Mühen ist dasselbe zu Stande gekommen, jetzt aber vertrauen wir auf den Genius des deutschen Volkes. Die wackeren Männer, die in diesem Augenblick in der afrikanischen Wildniß dem Tode ins Auge sehen in dem festen Glauben, in dem Dienst einer großen nationalen Sache zu stehen, erfahren zum Glück nichts mehr von der Undankbarkeit ihrer Landsleute, deren wenig ehrenvolles Denkmal diese Preßfehde bleiben wird.

www.ingramcontent.com/pod-product-compliance
Lightning Source LLC
Chambersburg PA
CBHW030715110426
42739CB00030B/581